PAOLA FANTI

ITALIENISCH FÜR DEN ALLTAG

Einfach und schnell
den Wortschatz erweitern und
Alltagsvokabeln lernen

Für Anfänger und Wiedereinsteiger

1. Auflage Juli 2023

Ehrengut Verlag
c/o COCENTER GmbH
Koppoldstr. 1
86551 Aichach

info@ehrengut-verlag.de
www.ehrengut-verlag.de

Korrektorat: Anna Cavaglieri, Dr. Katharina Pink
Umschlaggestaltung: Marie-Katharina Becker

ISBN: 978-3-9825230-2-6

Printed in the EU

Indice del contenuto | Inhaltsverzeichnis

Prefazione | Vorwort

Hast du schon einmal in einem Gespräch mit Italienern geschwiegen, obwohl du die passenden Vokabeln eigentlich bereits gelernt hattest? Hast du dich schon einmal geärgert, weil du nicht wusstest, wie du eine einfache Frage auf Italienisch beantworten sollst?

Wie kommt es, dass wir die italienischen Vokabeln bereits kennen, aber dennoch nicht wissen, wie wir uns ausdrücken sollen?

Häufig fehlt der Webstuhl, in dem die Wörter zur Sprache verwoben werden. Der Webstuhl gibt die Struktur, und wer sie kennt, kann sich besser ausdrücken.

Viele Menschen haben einen stressigen Alltag, in dem die nötige Zeit und Energie für einen regelmäßigen Sprachkurs fehlen. Doch nur durch regelmäßiges Lesen, Hören und Sprechen einer Fremdsprache können die vorhandenen Sprachkenntnisse verbessert werden.

Wie ist es ohne Sprachkurs möglich, eine Sprachstruktur besser im Kopf zu verankern und den Wortschatz spielend leicht zu erweitern?

Dieses Buch macht es mit seinem praxisnahen und kontextbezogenen Lernansatz möglich! Die zwei Hauptfiguren, Pia und Leo, nehmen dich mit auf eine Reise in die Toskana. Tauche ein in ihre Abenteuer und höre ihren Gesprächen zu.

Jedes der zwanzig Kapitel beginnt mit einer kurzen Geschichte in Form eines Dialoges. Du begleitest Pia und Leo bei ihren Reisevorbereitungen, Begegnungen mit Freunden und bei großen und kleinen Problemen vor Ort in der Toskana. Durch die parallele Anordnung der Dialoge (italienisch-deutsch) kannst du Alltagssätze leichter verstehen und dir einprägen. Mithilfe der Audiodateien verbesserst du zusätzlich dein Hörverständnis. So wird dir auch das Sprechen in Zukunft leichter fallen.

Jedem Dialog, der in Italien spielt, folgt ein kurzer Text mit Informationen zu kulturellen und lebenspraktischen Aspekten Italiens. Anschließend folgt der Wortschatz, der sich auf das Thema des Kapitels bezieht. In jedem Kapitel gibt es zudem einen Exkurs zur Grammatik und Übungen.

Wie nutzt du das Buch am besten?

Du kannst die Dialoge jederzeit lesen, hören und nachsprechen, zum Beispiel in der Mittagspause, im Zug oder in der U-Bahn, auf einer Parkbank oder zu Hause auf dem Sofa. Wenn du magst, stell dir einen Wecker: Denn zehn Minuten pro Tag reichen aus, um deine Italienisch-Kenntnisse zu verbessern.

Mein Tipp für dich:

Lies den Dialog auf Italienisch ein Mal, und sieh dir die Übersetzung gut an. Dann höre die dazugehörige Audiodatei an und sprich gerne laut mit. Vielleicht schließt du die Augen und ziehst in Gedanken zu Pia und Leo. Lies den Dialog schließlich noch einmal und decke dabei die deutsche Übersetzung zu. Du wirst sehen, dass das, was anfangs wie ein unüberwindbarer Berg erschien, zu einem sanften Hügel geworden ist, auf dem du leicht gehen kannst. Sprich: Bei jeder Wiederholung verstehst du die Inhalte besser und nach jedem Kapitel kannst du stolz auf dich und deinen neu erworbenen Alltags-Wortschatz sein. Während der angenehmen Reise wirst du Kommunikationsstrukturen verinnerlichen, die dir bei deinen nächsten Gesprächen nützen werden.

Den informativen Teil kannst du nach eigenem Ermessen durchgehen. Aber denk dran: Eine Sprache ist maßgeblich durch die Kultur und die Bräuche des Landes, in dem sie gesprochen wird, geprägt. Der kulturelle Aspekt ist somit ein wichtiger Bestandteil einer jeden Sprache.

Der Grammatikabschnitt wiederum wird dir helfen, die Sprachstruktur besser zu verstehen. So kannst du auch dem, was andere sagen, leichter folgen. Für manche Menschen werden es völlig neue Informationen sein, für andere eine Wiederholung des Gelernten oder auch eine Ergänzung dazu. Also: nutze das Buch zur Verbesserung deines Sprachniveaus A1 oder A2, sodass du bald fortgeschrittene Italienischkenntnisse (B1) erreichen kannst.

Bist du bereit? Dann viel Spaß beim Reisen!

File audio | Audiodateien

Wir möchten, dass du zusätzlich zu deinem **Leseverständnis** auch **dein Hörverständnis** und **deine Aussprache verbesserst**! Deshalb findest du **über 80 Audiodateien** zu allen Dialogen, Informationen, Alltagssätzen und Vokabellisten **auf unserer Website** und **zum kostenlosen Download**.

Höre dir die Audioinhalte öfters an und **sprich laut mit**, um ein **besseres Gefühl für den Klang** und die **Aussprache** der italienischen Sprache zu bekommen.

Und so geht's:

Öffne die Kamera-App auf deinem Smartphone oder deinem Tablet und richte die Kamera auf den QR-Code. Wenn du eine gute Internetverbindung hast, öffnet sich das Zusatzmaterial ganz automatisch. Falls die Kamera-App auf deinem Smartphone die Funktion zum QR-Code scannen nicht hat, kannst du den Code alternativ auch mit einer **QR-Scanner-App** öffnen oder direkt auf unsere Website zugreifen (URL aus QR-Code):

www.ehrengut-verlag.de/audios-italienisch-fuer-den-alltag/

Bei Problemen schreibe uns gerne an **info@ehrengut-verlag.de.** Wir werden uns zeitnah bei dir melden und dir beim Lösen deines Problems helfen.

01 Pia e Leo si presentano | Pia und Leo stellen sich vor

Pia:	Ciao, mi chiamo Pia. **Ho ventisette anni** e **vivo a Francoforte** con Leo.	Hallo, ich heiße Pia. **Ich bin siebenundzwanzig Jahre alt** und **lebe** mit Leo **in Frankfurt.**
Leo:	Salve, sono Leo. Io ho un anno più di Pia. Stiamo insieme da cinque anni. Pia, raccontiamo un po' la nostra vita. Comincia tu…	Hallo, ich bin Leo. Ich bin ein Jahr älter als Pia. Wir sind seit fünf Jahren zusammen. Pia, lass uns von unserem Leben erzählen. Fang du mal an…
Pia:	Il mio **nonno** materno **è nato** in Italia e qualche volta parliamo in italiano. Ho un fratello più grande, ha 29 anni. E tu, Leo?	Mein **Großvater** mütterlicherseits **ist** in Italien **geboren** und manchmal sprechen wir italienisch. Ich habe einen älteren Bruder, der ist 29 Jahre alt. Und du, Leo?
Leo:	Io sono **figlio unico**. I miei **genitori** e tutti i miei **parenti** sono tedeschi. Ma, da quando conosco Pia, frequento regolarmente un corso intermedio di italiano. Così adesso anch'io parlo abbastanza bene.	Ich bin **Einzelkind**. **Meine Eltern** und alle meine **Verwandten** sind Deutsche. Aber seit ich Pia kenne, besuche ich regelmäßig einen Italienischkurs auf Mittelstufenniveau. Somit spreche ich jetzt auch ziemlich gut.
Pia:	Anch'io frequento una volta alla	Ich besuche auch einmal in der

	settimana un corso avanzato. Sì, va bene, mio nonno è italiano ma io **sono nata** in Germania e con gli amici parlo sempre tedesco.	Woche einen Kurs für Fortgeschrittene. Zwar ist mein Großvater Italiener, aber ich **bin** in Deutschland **geboren** und spreche immer deutsch mit meinen Freunden.
Leo:	Pia è molto modesta. Lei parla benissimo l'italiano!	Pia ist sehr bescheiden. Sie spricht sehr gut italienisch!
Pia:	Allora… **non sono molto alta**, sono magra. Ho capelli neri e lunghi e…	Also… **ich bin nicht sehr groß** und schlank. Ich habe schwarze, lange Haare und…
Leo:	… bellissimi occhi verdi! Lavora in banca, lavoriamo insieme. Io **sono alto e robusto**, ho i **capelli biondi** e **gli occhi chiari**. Sono abbastanza **sportivo** e quando ho tempo vado volentieri in palestra. E tu, sei **sportiva**?	… wunderschöne grüne Augen! Sie arbeitet in der Bank, wir arbeiten zusammen. Ich bin **groß** und **kräftig**, habe blonde Haare und helle Augen. Ich bin ziemlich **sportlich** und wenn ich Zeit habe, gehe ich gerne ins Fitnessstudio. Und du, bist du **sportlich?**
Pia:	Insomma… **io amo** leggere e stare all'aria aperta, nel tempo libero **mi piace** fare lunghe passeggiate. E cucino volentieri.	Na ja,… **ich liebe** es, zu lesen und an der frischen Luft zu sein; in meiner Freizeit **mache ich gerne** lange Spaziergänge. Und ich koche gerne.
Leo:	È vero, Pia è una buona cuoca! Da quando siamo insieme, devo fare molto sport per non ingrassare. Io non cucino bene, ma aiuto Pia in cucina.	Stimmt! Pia ist eine gute Köchin! Seitdem wir zusammen sind, muss ich viel Sport treiben, um nicht zuzunehmen. Ich koche nicht gut, aber ich helfe Pia in der Küche.

Pia:	Abbiamo molti amici e conosciamo anche una coppia di Firenze.	Wir haben viele Freunde und wir kennen auch ein Paar aus Florenz.
Leo:	A proposito, a giugno abbiamo qualche giorno di ferie… andiamo in Italia, a Firenze?	Übrigens, im Juni haben wir ein paar Tage Urlaub… Fahren wir nach Italien, nach Florenz?
Pia:	Che idea meravigliosa!	Was für eine wunderbare Idee!

Vero o falso? (Richtig oder falsch?)

- Pia ha 29 anni.
- Sono una coppia da cinque anni.
- Il nonno paterno è italiano.
- Lavorano insieme.
- Pia cucina bene.

Falso, vero, falso, vero, vero

Frasi quotidiane (Alltagssätze)

- **Come ti chiami?**	- **Wie heißt du?**
- Mi chiamo Sara E tu?	- Ich heiße Sara. Und du?
- **Io sono Tim, piacere.**	- **Ich bin Tim, freut mich.**
- Piacere, Tim.	- Ich freue mich, dich kennenzulernen, Tim.
- **Quanti anni hai?**	- **Wie alt bist du?**
- Ho ventiquattro anni.	- Ich bin 24 Jahre alt.
- Io trentadue.	- Ich 32.
- **Lavori?**	- **Arbeitest du?**
- Sì, lavoro.	- Ja, ich arbeite.
- **Dove? Che lavoro fai?**	- **Wo denn? Was machst du beruflich?**
- In una scuola, sono insegnante.	- In einer Schule, ich bin Lehrerin.
- Io lavoro in un ufficio, sono impiegata.	- Ich arbeite in einem Büro, ich bin Angestellte.
- **Cosa fai nel tempo libero?**	- **Was machst du in deiner Freizeit?**
- Leggo, vado al cinema, faccio sport.	- Ich lese, gehe ins Kino, treibe Sport.
- Anch'io faccio sport, mi piace andare in bicicletta.	- Ich mache auch Sport, ich fahre gern Fahrrad.
- **Dove vai in vacanza?**	- **Wohin fährst du in den Urlaub?**
- Vado in Italia, in montagna, sulle Dolomiti.	- Ich fahre nach Italien, in die Berge, in die Dolomiten.
- Anch'io vado in Italia, al mare, in Sicilia.	- Ich fahre auch nach Italien, ans Meer, nach Sizilien.
- **Allora ti piace il mare**. A me piace la montagna.	- **Dann magst du das Meer.** Ich mag die Berge.

- **Come sei?**
- Sono alto/a.
- Non sono basso/a.
- Sono magro/a.
- Non sono grasso/a.
- Sono robusto/a.

- **Wie siehst du aus?**
- Ich bin groß (M./F.).
- Ich bin nicht klein.
- Ich bin schlank.
- Ich bin nicht dick.
- Ich bin kräftig.

- **Cosa (non) ti piace?**
- **Non mi piace** leggere.
- **Mi piace** cucinare.
- **Mi piace** stare all'aria aperta.
- **Mi piace** fare passeggiate.
- **Mi piace** fare sport.
- **Non mi piace** fare jogging.

- **Was magst du (nicht)?**
- Ich lese nicht gerne.
- Ich koche gerne.
- Ich bin gerne an der frischen Luft.
- Ich gehe gerne spazieren.
- Ich mache gerne Sport.
- Ich gehe nicht gerne laufen.

Vocabolario (Vokabeln)

Italienisch	**Deutsch**
i capelli	die Haare
i capelli lunghi	lange Haare
i capelli corti	kurze Haare
i capelli biondi	blonde Haare
i capelli castani	braune Haare
i capelli neri	schwarze Haare
i capelli scuri	dunkle Haare
i capelli chiari	helle Haare
gli occhi sono…	Die Augen sind…
…verdi	…grün

...marroni	...braun
...azzurri	...blau
le qualità	die Eigenschaften
sportivo/a	sportlich
pigro/a	faul
i parenti	die Verwandten
i genitori (il padre, la madre)	die Eltern (der Vater, die Mutter)
i fratelli (il fratello, la sorella)	die Geschwister (der Bruder, die Schwester)
i nonni (il nonno, la nonna)	die Großeltern (der Opa, die Oma)
i nipoti (il nipote, la nipote)	die Enkelkinder (der Enkel, die Enkelin)
i nonni paterni, i nonni materni	die Großeltern väterlicherseits, die Großeltern mütterlicherseits
gli zii (lo zio, la zia)	die Onkel und Tanten (der Onkel, die Tante)
i nipoti (il nipote, la nipote)	die Nichten und Neffen (der Neffe, die Nichte)
i cugini (il cugino, la cugina)	die Cousins (der Cousin, die Cousine)
il figlio unico, la figlia unica	das Einzelkind

Attività | Übungen

1. Scegli la risposta giusta. | Wähle die richtige Antwort.

a. Dove abitano Pia e Leo?
□ A Firenze □ A Francoforte
b. Pia
□ parla già italiano. □ non parla l'italiano.
c. Leo
□ non ha fratelli . □ ha un fratello.
d. Pia e Leo
□ studiano in corsi diversi. □ frequentano lo stesso corso.
e. Il nonno di Pia
□ è italiano. □ è tedesco.
f. Quanti anni ha Leo?
□ ventinove (29) □ ventotto (28)
g. Pia e Leo lavorano
□ in palestra. □ in banca.
h. Hanno
□ tanti amici. □ pochi amici.
i. Quando vanno in Italia?
□ Un giorno □ In giugno
j. Dove abitano gli amici italiani?
□ A Roma □ A Firenze

2. Aggiungi.| Ergänze.

a. Come __________? Mi chiamo Giulia.
b. Quanti anni hai? __________ trenta anni.
c. Cosa fai nel __________ libero? Faccio molto sport.
d. Dove vai in vacanza? __________ in Grecia.
e. Che lavoro fai? __________ impiegata in una banca.
f. Ti _______________ il mare o la montagna? Mi piace molto il mare.

02 In partenza per Firenze | Auf nach Florenz

Pia e Leo hanno due settimane di ferie. **Pensano** di andare a Firenze, **visitare la città** e **incontrare gli amici** che non vedono da molto tempo.

Pia und Leo haben zwei Wochen Urlaub. **Sie haben vor**, nach Florenz zu fahren, **die Stadt zu besuchen** und sich mit den **Freunden zu treffen**, die sie lange nicht gesehen haben.

Pia:	Abbiamo due settimane libere. **Organizziamo** un viaggio?	Wir haben zwei Wochen frei. **Sollen wir** eine Reise **planen**?
Leo:	Buona idea! Adesso **guardo** su Internet e **cerco** una buona offerta.	Gute Idee! Ich **schaue** gleich im Internet und **suche** nach einem guten Angebot.
Su un sito di viaggi trova qualcosa		*Auf einer Reisewebseite findet er etwas.*
Leo:	Ecco qui! **Vedi**? Una settimana a Firenze, un appartamento in centro. E il prezzo non è eccessivo.	Schau! **Siehst du**? Eine Woche in Florenz, eine Ferienwohnung im Zentrum. Und der Preis ist nicht allzu hoch.
Pia:	Interessante, è vicino al Duomo, così abbiamo la possibilità di visitare la città e anche alcuni musei. **Prenotiamo**?	Interessant, sie liegt in der Nähe vom Dom, so haben wir die Möglichkeit, die Stadt und auch ein paar Museen zu besichtigen. **Wollen wir buchen**?

Leo:	Certo! Quando **partiamo**?	Natürlich! Wann **wollen wir fahren?**
Pia:	Andiamo con il treno? **Cerchiamo** un treno diretto fino a Milano, poi **prendiamo** „Italo" o un „Frecciarossa" fino a Firenze.	Wollen wir mit dem Zug fahren? **Lass uns** einen direkten Zug bis Mailand **suchen**, dann einen „Italo" oder einen „Frecciarossa" bis Florenz **nehmen**.
Leo:	„Italo?", „Frecciarossa?... cosa sono?	„Italo", „Frecciarossa"... was ist das?
Pia:	Sono treni ad alta velocità. In circa due ore sei a Firenze! È più rilassante dell'aereo.	Das sind Hochgeschwindigkeitszüge. In etwa zwei Stunden bist du in Florenz! Das ist entspannter als mit dem Flugzeug.
Leo:	Mi piace l'idea! **Prenoto** subito.	Die Idee gefällt mir! **Ich buche** sofort.

Leo entra sul sito delle ferrovie e trova subito i collegamenti.	*Leo geht auf das Zugportal und findet sofort die Verbindungen.*

Leo:	C'è un treno sabato prossimo alle 06:48**.** È un po' presto ma **arriva** a Milano alle 14:45. In prima classe è un buon prezzo. Alle 15:10 **parte** un „Frecciarossa" che **arriva** a Firenze alle 17:04. Ci sono ancora posti, **prenoto**?	Es gibt einen Zug nächsten Samstag um 06:48 Uhr. Das ist zwar etwas früh, aber **er kommt** um 14:45 Uhr in Mailand **an**. Der Preis für die erste Klasse ist gut. Um 15:10 **fährt** ein „Frecciarossa" **ab**, der um 17:04 Uhr in Florenz **ankommt**. Es sind noch Plätze frei, soll ich buchen?
Pia:	Sì, ma per il ritorno?	Ja, und die Rückfahrt?

Leo:	**Decidiamo** a Firenze, forse **restiamo** qualche giorno in più?	**Lass uns das** in Florenz **entscheiden**, vielleicht wollen wir ja noch ein paar Tage länger **bleiben**?
Pia:	Perfetto! Domani **chiamo** anche gli amici di Firenze. Hanno la macchina e, se hanno tempo e voglia, possiamo dividere le spese per la benzina e girare un po‘ per la Toscana. È un'occasione per stare insieme.	Prima! Morgen **rufe** ich auch die Freunde in Florenz **an.** Sie haben ein Auto und, wenn sie Zeit und Lust haben, können wir uns die Benzinkosten teilen und eine Spritztour durch die Toskana machen. Das ist eine gute Gelegenheit, um beisammen zu sein.
Leo:	D'accordo! Ma adesso non **vivono** più a Firenze, **abitano** a Fiesole perché è più tranquillo.	Einverstanden! Aber jetzt **leben sie** nicht mehr in Florenz, **sie wohnen** in Fiesole, weil es dort ruhiger ist.
Pia:	Non **vedo** l'ora di partire!	**Ich kann es kaum erwarten,** loszufahren!

Vero o falso? (Richtig oder falsch?)

- Il viaggio costa molto.
- Pia vuole andare con l'aereo.
- Il treno parte la mattina presto.
- Non decidono subito quando tornano.
- Adesso gli amici vivono a Firenze.

Falso, falso, vero, vero, falso

Italo e Frecciarossa (Italo und Frecciarossa)

Italo e Frecciarossa sono **due treni ad alta velocità.** Sono **servizi concorrenti**, uno è **privato** (Italo), l'altro **pubblico** (Frecciarossa). Collegano, **senza fermate intermedie**, le maggiori città italiane.	Italo und Frecciarossa sind **zwei Hochgeschwindigkeitszüge.** Es handelt sich um **konkurrierende Dienste**, einer ist **privat** (Italo), der andere **öffentlich** (Frecciarossa). Sie verbinden die größten italienischen Städte **ohne Zwischenstopps** miteinander.

Che ore sono? (Wie spät ist es?)

La mattina (Am Morgen)

Sono **le** sei.	Es ist sechs Uhr.
Sono **le undici e quindici** (11:15).	Es ist elf Uhr fünfzehn.
Sono **le dodici e trenta** (12:30).	Es ist zwölf Uhr dreißig.

Il mezzogiorno (Am Mittag)

È **mezzogiorno** (12:00).	Es ist Mittag.
È mezzogiorno e un quarto. (12:15).	Es ist zwölf Uhr fünfzehn.
È **mezzogiorno e trenta** (12:30).	Es ist zwölf Uhr dreißig.

Il pomeriggio (Am Nachmittag)

Sono **le tredici** (13:00).	Es ist dreizehn Uhr.
Sono **le sedici e quarantacinque** (16:45).	Es ist sechzehn Uhr fünfundvierzig.
Sono **le diciassette e cinquanta** (17:50).	Es ist fünfzehn Uhr fünfzig.

La sera (Am Abend)

Sono **le diciannove** (19:00).	Es ist neunzehn Uhr.
Sono **le venti e cinquantadue** (20:52).	Es ist zwanzig Uhr zweiundfünfzig.
Sono **le ventidue e diciassette** (22:17).	Es ist zweiundzwanzig Uhr siebzehn.

La notte (In der Nacht)

È mezzanotte.	Es ist Mitternacht.
Sono **le ventitré** (23:00).	Es ist dreiundzwanzig Uhr.
Sono **le ventitré e quaranta** (23:40).	Es ist dreiundzwanzig Uhr vierzig.

Nota! (Merke!)

Der weibliche **Pluralartikel *le*** steht für ***le ore*** (Die Stunden): Das Nomen ***ore*** (Stunden) wird **nicht verwendet**, aber der **Artikel ist notwendig.**

- Sono **le** sei e mezzo/mezza. (Es ist halb sieben.)
- Sono **le** tredici. (Es ist dreizehn Uhr.)

In der Umgangssprache kann man nach ***zwölf Uhr*** die Zahlen **von eins bis elf** verwenden.

- Sono **le tre** e dieci (**15**:10). (Es ist zehn nach drei.)
- Sono **le cinque** e un quarto (**17**:15). (Es ist Viertel nach fünf.)

Bei den Tageszeiten *mattina, mezzogiorno, sera, notte* (Morgen, Mittag, Abend, Nacht) wird das ***è*** und kein Artikel verwendet.

- **È** mattina. (Es ist Morgen.)
- **È** notte. (Es ist Nacht.)

Bei **ein Uhr** wird die weibliche Form *una* verwendet (nicht uno), weil *ora* (die Stunde) feminin ist.

- **È** l'una. (Es ist ein Uhr.)

A che ora? (Um wie viel Uhr?)

Frasi quotidiane con tempi (Alltagssätze mit Uhrzeiten)

- **A** che ora parti? - Parto **a**lle otto.	- **Um wie viel** Uhr fährst du los? - Ich fahre **um** acht Uhr los.
- **A** che ora arrivate? - Arriviamo **a**lle cinque	- **Um** wie viel Uhr kommt ihr an? - Wir kommen **um** fünf an.
- **A** che ora mangiano? - Mangiano **a** mezzogiorno.	- **Um** wie viel Uhr essen sie? - Sie essen **am** Mittag/mittags.
- **A** che ora torna? - Torna **a** mezzanotte e mezzo.	- **Um** wie viel Uhr kommt sie/er? - Sie/er kommt **um** halb eins.

Nota! (Merke!)

Die „einfache" Präposition *a* wird zur Präposition mit Artikel *alle* (a+le), außer ***a*** *mezzogiorno* und ***a*** *mezzanotte.*

I numeri fino a 7.000 (Die Zahlen bis 7.000)

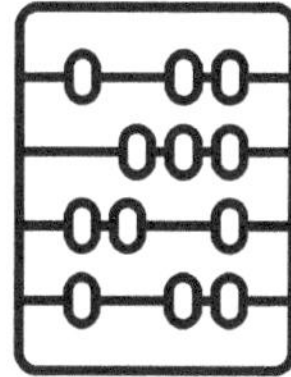

1 uno	**11** un**dici**	**21** ven**tu**no	**31** tren**tu**no	**60** se**ss**anta
2 due	**12** **do**dici	**22** vent**i**due	**32** trent**a**due	**70** se**tt**anta
3 tre	**13** tredici	**23** vent**itré**	**33** trent**atré**	**80** ottanta
4 quattro	**14** qua**ttor**dici	**24** ventiquattro	…	**90** novanta
5 cinque	**15** **quin**dici	**25** venticinque	**38** tren**to**tto	**100** cento
6 sei	**16** **se**dici	**26** ventisei	…	**101** centouno
7 sette	**17** dicia**ss**ette	**27** ventisette	**41** quaran**tu**no	**108** cent**o**otto
8 otto	**18** diciotto	**28** ven**to**tto	**48** quaran**to**tto	**200** duecento
9 nove	**19** dicia**nn**ove	**29** ventinove	…	**500** cinquecento
10 dieci	**20** venti	**30** trenta	**50** cinquanta	**1.000** mille
				2.000 due**mila**
				7.000 sette**mila**

Indicativo presente (Indikativ Präsens)

Verbi regolari (Regelmäßige Verben)

Italienische Verben unterteilen sich in **drei Verbgruppen:**

- Verben auf **-ARE** (*arriv**are**, ankommen*)
- Verben auf **-ERE** (*cad**ere**, fallen*)
- Verben auf **-IRE** (*part**ire**, verlassen*)

Soggetto	arrivare	cadere	partire
io	arriv**o**	cad**o**	part**o**
tu	arriv**i**	cad**i**	part**i**
lui	arriv**a**	cad**e**	part**e**
lei	arriv**a**	cad**e**	part**e**
Lei	arriv**a**	cad**e**	part**e**
noi	arriv**iamo**	cad**iamo**	part**iamo**
voi	arriv**ate**	cad**ete**	part**ite**
loro	arriv**ano**	cad**ono**	part**ono**

Nota! (Merke!)

- Im Italienischen gibt es **kein Neutrum**, daher sind die Personalpronomen nur maskulin (lui) und feminin (lei). Pronomen werden kleingeschrieben, es sei denn, sie befinden sich am Anfang des Satzes.
- Das Pronomen ***Lei*** (großgeschrieben!) entspricht der Höflichkeitsform ***Sie***.
- Der Unterschied zwischen dem deutschen *Sie* und dem italienischen ***Lei*** besteht darin, dass es in der italienischen Sprache ein Pronomen der dritten Person Singular ist.
- Im Satz wird in der Regel kein Personalpronomen verwendet. Es ist jedoch notwendig, wenn das Subjekt (oder Objekt) hervorgehoben wird, z.B.: Cosa prendete? **Io** prendo un tè, **lui** beve un caffè. (Was hättet ihr gern? **Ich** nehme einen Tee, **er** trinkt einen Kaffee.
- Wenn das Verb auf ***-care*** oder ***-gare*** endet, wird ein *h* in der zweiten Person Singular und in der ersten Person Plural ergänzt.

Frasi quotidiane con verbi regolari con i suffissi -care e -gare

(Alltagssätze mit regelmäßigen Verben mit den Endungen *-care* und *-gare*)

- Cosa **cerchi**?	- Was **suchst du**?
- **Cerco** la penna.	- **Ich suche** den Stift.
- Cosa **cercate**?	- Was **sucht ihr**?
- Cerc**hiamo** le penne.	- **Wir suchen** die Stifte.
- **Paghi** tu?	- **Zahlst** Du?
- Sì, **pago** io.	- Ja, **ich zahle**.
- **Pagate** voi?	- **Zahlt** ihr?
- Sì, pag**hiamo** noi.	- Ja, **wir zahlen.**

Attività | Übungen

1. Scegli i verbi giusti. | Wähle die richtigen Verben.

a. Loro __________ di partire e __________ i biglietti.

□ decide, compra □ decidiamo, compriamo

□ decidono, comprano □ decidete, comprate

b. A che ora __________ Paolo? Io __________ alle 22:00.

□ parta, pensa □ parte, penso

□ parti, pensi □ parte, pensiamo

c. I bambini ______ la televisione mentre la mamma _______ a posto.

□ guardate, metti □ guardano, mettono

□ guarda, mette □ guardano, mette

d. Cosa (tu) __________? Non __________ il cellulare.

□ cerchi, trovo □ cerco, trovi

□ cercate, trovate □ cerca, trovano

e. (voi) __________ la casa gialla? Noi __________ lì.

□ vediamo, abitate □ vedono, abitano

□ vedete, abitiamo □ vedono, abitano

2. Metti le forme corrette dei verbi (1.-3. persona singolare). | Setze die richtigen Verbformen ein (1.-3. Person Singular).

io	tu	lui	lei	Lei
parlo			parla	
		prende		prende
	senti	sente		sente
gioco			gioca	
	litighi			litiga
		vede	vede	
		arriva		arriva
parto			parte	
	preghi	prega		
decido			decide	
		paga		
	cerchi			cerca

Dalla prima alla terza persona plurale. | 1. bis 3. Person Plural.

noi	voi	loro
parliamo		parlano
	prendete	prendono
	sentite	
giochiamo		giocano
vediamo	vedete	
arriviamo		
	partite	
		pregano
	decidete	
paghiamo		
		cercano

3. Scrivi i numeri in lettere. | Schreibe die Uhrzeiten und Zahlen in Buchstaben.

a. Sono le 10:45 ______________________________
b. Sono le 12:15 ______________________________
c. È l'1:58 ______________________________
d. Sono le 23:31 ______________________________
e. Sono le 17:28 ______________________________

10		21		108	
12		28		177	
14		33		528	
16		60		1.730	
19		78		5.800	

03 Il treno è in ritardo | Der Zug verspätet sich

I nostri amici sono **sul treno per Milano**. **Purtroppo,** il treno è in ritardo. **Chiedono** informazioni al capotreno (cap.). **Pensano** anche di passare una notte a Milano e di ripartire la mattina dopo.

Unsere Freunde sind **im Zug nach Mailand**. **Leider** hat ihr Zug Verspätung. **Sie fragen** den Zugführer nach Informationen. **Sie überlegen** sich, eine Nacht in Mailand zu verbringen und am nächsten Morgen weiterzufahren.

Pia	**Siamo** quasi a Milano, ma il treno **è** in ritardo.	**Wir sind** fast in Mailand, aber der Zug hat Verspätung.
Leo:	Sì, già più di un quarto d'ora. Intanto tiro giù le valigie dalla cappelliera. Chissà se riusciamo a prendere la coincidenza.	Ja, schon mehr als eine Viertelstunde. Ich nehme schonmal die Koffer aus dem Gepäckfach. Wer weiß, ob wir den Anschlusszug schaffen.
Pia:	Cerco il capotreno e mi informo. **Hai** tu il foglio con tutti gli orari?	Ich suche den Zugführer und erkundige mich. **Hast du** den Zettel mit allen Fahrplänen?
Leo:	**È** nella tua borsa. Aspetta…	**Er ist** in deiner Tasche. Warte...
Pia:	I documenti importanti **sono** nella tasca interna.	Die wichtigen Dokumente **sind** in der Innentasche.

Leo:	Ecco, **è** qui. Oh no! Il treno si ferma ancora… chissà quanto tempo sta fermo stavolta.	Hier **ist er**, bitte. Oh nein! Der Zug hält schon wieder an… Wer weiß, wie lange er diesmal stehen bleibt.
Pia:	Il capotreno **è** là! Scusi, posso avere un'informazione?	Der Zugführer ist da! Entschuldigung, darf ich Sie etwas fragen?
Cap.:	Certo! Cosa desidera sapere?	Sicher! Was möchten Sie wissen?
Pia:	**Abbiamo** una coincidenza per Firenze alle 15:10, praticamente fra sette minuti e il treno non **è** ancora in stazione.	**Wir haben** einen Anschlusszug nach Florenz um 15:10 Uhr, also in 7 Minuten, und der Zug **ist** noch nicht am Bahnhof.
Cap.:	Mi dispiace, **ci sono** problemi sulla linea. Guardo quando parte il prossimo treno. **C'è** un altro Frecciarossa alle 15.35, un Italo alle 15.40.	Tut mir leid, **es gibt** Probleme auf der Strecke. Ich werde schauen, wann der nächste Zug fährt. **Es gibt** noch einen Frecciarossa um 15.35 Uhr und einen Italo um 15.40 Uhr.
	Se prendete Italo, dovete comprare un nuovo biglietto. Altrimenti **avete** un Frecciarossa alle 16:10 che arriva alle 18:04.	Wenn Sie den Italo nehmen, müssen Sie eine neue Fahrkarte kaufen. Ansonsten gibt es einen Frecciarossa um 16.10 Uhr, der um 18.04 Uhr ankommt.
Pia:	Molto gentile, grazie infinite!	Sehr nett, vielen Dank!
Ritorna da Leo.		*Sie kehrt zu Leo zurück.*
Pia:	Leo, possiamo prendere un Frecciarossa alle 16:10 e **siamo** a Firenze poco dopo le 18:00.	Leo, wir können einen Frecciarossa um 16:10 Uhr nehmen und **sind** kurz nach 18:00 Uhr in Florenz.

Leo:	**È** meglio stare una notte a Milano e poi ripartiamo domani mattina. Eventualmente telefoniamo all'amministratore per avvertire.	**Es ist** besser, wenn wir eine Nacht in Mailand bleiben und morgen früh losfahren. Vielleicht rufen wir den Verwalter der Ferienwohnung an, um Bescheid zu geben.
Pia:	Si, **è** la soluzione migliore. Cerchiamo un albergo vicino alla stazione, stasera andiamo a mangiare e poi a letto presto.	Ja, **das ist** die beste Lösung. Wir suchen nach einem Hotel in der Nähe des Bahnhofs, gehen heute Abend essen und dann früh ins Bett.

Vero o falso? (Richtig oder falsch?)

- Pia e Leo sono già a Milano.
- Gli orari sono nella borsa.
- Il capotreno non c'è.
- Per oggi non ci sono treni.
- Dormono una notte a Milano.

Falso, vero, falso, falso, vero

Stazione Milano Centrale (Hauptbahnhof Mailand)

Dopo Roma Termini, la stazione Milano Centrale **è la seconda per grandezza** in Italia. Giornalmente arrivano **500 treni** e **oltre 320.000 persone**. Inoltre, ci sono due linee della metropolitana, il terminal di autobus, tram e **delle navette per i due aeroporti** (Malpensa e Linate).	Nach Roma Termini ist der Hauptbahnhof in Mailand **der zweitgrößte** in Italien. Täglich kommen dort **500 Züge** und **über 320.000 Personen** an. Außerdem gibt es zwei U-Bahn-Linien sowie Bus- und Straßenbahnhaltestellen und **Shuttlebusse zu den beiden Flughäfen** (Malpensa und Linate).

Frasi quotidiane stazione e treno
(Alltagssätze am Bahnhof und im Zug)

- **Dov'è** la biglietteria?
- **È là in fondo** a destra.

- **Wo** ist der Fahrkartenschalter?
- **Er ist dahinten** rechts.

- **Vorrei** un biglietto per Firenze.
- **Solo andata** o **andata e ritorno**?
- **Andata e ritorno**, grazie.

- **Ich hätte gern** eine Fahrkarte nach Florenz.
- **Nur für die Hinfahrt** oder **für Hin- und Rückfahrt?**
- **Für die Hin- und Rückfahrt,** bitte.

- **Da quale binario** parte il treno per Firenze?
- **Parte** dal binario 7.

- **Von welchem Gleis** fährt der Zug nach Florenz ab?
- Er fährt von Gleis 7 ab.

- **Scusi**, dov'è la carrozza ristorante?
- È la carrozza numero 5, al centro del treno.

- **Entschuldigen Sie**, wo ist der Speisewagen?
- Es ist der Wagen Nummer 5, in der Mitte des Zuges.

- Scusi, il treno è puntuale? Ho la coincidenza a Milano.	- Entschuldigung, ist der Zug pünktlich? Ich habe einen Anschlusszug in Mailand.
- Mi dispiace, ma ha 10 minuti di ritardo. Comunque la coincidenza aspetta l'arrivo di questo treno.	- Es tut mir leid, aber er hat 10 Minuten Verspätung. Der Anschlusszug wartet jedoch auf die Ankunft dieses Zuges.

Vocabolario (Vokabeln)

Italienisch	Deutsch
la biglietteria	der Fahrkartenschalter
la biglietteria automatica	der Fahrkartenautomat
il biglietto	die Fahrkarte
il binario	das Gleis
la carrozza/il vagone	der Wagen/Waggon
la carrozza ristorante	der Speisewagen
la carrozza cuccette	der Liegewagen
il vagone letto	der Schlafwagen
il/la capotreno il controllore/la controllora	der/die Zugführer:in der/die Kontrolleur:in
il ritardo	die Verspätung
la coincidenza	der Anschlusszug

Essere e avere (Sein und haben)

Coniugazione di *essere* (Konjugation des Verbs *sein*)

essere	**sein**
sono	bin
sei	bist
è	ist
siamo	sind
siete	seid
sono	sind

Frasi quotidiane con *essere* (Alltagssätze mit dem Verb *sein*)

- Di dove **sei**?
- **Sono** di Firenze.

- Woher **kommst** Du?
- Ich **komme** aus Florenz.

- **Siete** spagnoli?
- No, **siamo** italiani.

- **Seid** ihr Spanier?
- Nein, **wir sind** Italiener.

- Signora, **è** tedesca?
- Sì, **sono** tedesca.

- **Sind Sie** Deutsche?
- Ja, ich bin Deutsche.

- Dov'**è** Carlo?
- **È** in ufficio.

- Wo **ist** Carlo?
- Er **ist** im Büro.

- **Sono** a casa i bambini?
- No, **sono** a scuola.

- **Sind** die Kinder zu Hause?
- Nein, **sie sind** in der Schule.

Frasi quotidiane con c*'è-ci sono* e *è-sono.*

(Alltagssätze mit *es befindet-es befinden sich und ist-sind.*)

- Cosa **c'è** sul tavolo?
- Sul tavolo **c'è** un libro.

- Was **liegt** auf dem Tisch?
- Auf dem Tisch **liegt** ein Buch.

- Dov'**è** il libro?
- **È** sul tavolo?

- Wo liegt das Buch?
- Es liegt auf dem Tisch.

- Cosa **c'è** nella tua città?
- **C'è** un fiume, **ci sono** molti parchi, **c'è** una bella piazza, **ci sono** tanti buoni ristoranti.

- Was **gibt es** in deiner Stadt?
- **Da gibt es** einen Fluss, viele Parks, einen schönen Platz und viele gute Restaurants.

- **Come sono** i parchi?
- **Sono** molto grandi.

- **Wie sind** die Parks?
- **Sie sind** sehr groß.

- **Dove sono** i ristoranti?
- **Sono** in centro

- **Wo sind** die Restaurants?
- **Sie sind** im Zentrum.

- **C'è** Mario?
- Mario **non c'è**, **è** ancora **al lavoro**. **Ci sono** i suoi fratelli, **sono** in cucina.

- **Ist Mario** da?
- Mario ist **nicht da**, er ist noch **bei der Arbeit**. Seine Brüder **sind da**. **Sie sind** in der Küche.

Nota! (Merke!)

C'è und *ci sono* (da ist/da sind, es gibt/es liegt, es befindet sich/es befinden sich) zeigen **die Anwesenheit** von **jemandem oder etwas** an einem **bestimmten Ort**, zu einem **bestimmten Zeitpunkt**, an.

Das Subjekt kommt immer **nach** c'è/ci sono: C'è **un fiore**. Un fiore è nel vaso. C'è **un fiore** nel vaso.

Coniugazione di *avere* (Konjugation des Verbs *haben*)

avere	haben
ho	habe
hai	hast
ha	hat
abbiamo	haben
avete	habt
hanno	haben

Frasi quotidiane con *avere* (Alltagssätze mit dem Verb *haben*)

- Quanti anni **hai**?
- **Ho** 23 anni.

- Wie alt bist du?
- Ich bin 23 Jahre alt.

- **Avete** un documento?
- Sì, **abbiamo** la patente.

- **Habt ihr** ein Ausweisdokument?
- Ja, **wir haben** den Führerschein.

- Direttore, **ha tempo**?
- **Ho fretta**, non **ho** tempo.

- Herr Direktor, **haben Sie** Zeit?
- **Ich habe** es eilig, **ich habe** keine Zeit.

- Perché (lui) **ha** così **freddo**?
- **Ha** la febbre.

- Warum ist ihm so kalt?
- **Er hat** Fieber.

- I bambini **hanno** molti compiti?
- Sì, ma **non hanno voglia**.

- **Haben** die Kinder viele Hausaufgaben auf?
- Ja, aber **sie haben** keine Lust.

Attività | Übungen

1. Completa con *essere*. | Setze das Verb *sein* richtig ein.

a. Alex non _____ a casa. Lui e i suoi amici _____ al cinema.
b. „Lia, _____ stanca?" – „Sì, _____ un po' stanca."
c. Oggi Karl ed io non _____ al lavoro. _____ in vacanza.
d. Cos' _____ una mela? Le mele _____ frutti molto buoni.
e. Quando voi _____ nervosi, non _____ gentili.

2.: *Essere* o *esserci* (c'è – ci sono)? | *Essere* oder *esserci*?

Nella mia città ________ una bella piazza. La piazza _______ molto grande e nel centro ________ un monumento. Intorno alla piazza ________ molti locali: ________ una pasticceria, ________ due ristoranti e alcuni negozi. Un ristorante ________ chiuso per ferie ma l'altro ________ aperto. Al ristorante _______ sempre molti clienti perché le specialità della casa ________ molto buone. La mia città ________ molto bella!

3. Completa con *avere*. | Setze das Verb *avere* richtig ein.

a. I bambini ________ voglia di un gelato, la mamma ________ voglia di un caffé.
b. „(voi) ________ il passaporto?" – „No, ________ solo la carta d'identità."
c. Tu ________ una macchina, ma io ________ soltanto una bicicletta.
d. Loro ________ un cane e io ________ un gatto.
e. Se (tu) ________ fame, noi ________ dei panini.

04 L' alloggio a Firenze | Die Unterkunft in Florenz

Subito dopo la colazione, Pia e Leo **escono** dall'albergo e partono da Milano. Alla stazione di Firenze prendono un taxi e si fanno portare all'appartamento, dove li aspetta l'amministratore (Amm.) con le chiavi.

Gleich nach dem Frühstück **verlassen** Pia und Leo das Hotel und fahren in Mailand los. In Florenz nehmen sie am Bahnhof ein Taxi und lassen sich zur Ferienwohnung bringen, wo der Verwalter (Amministratore: Amm.) mit dem Schlüssel auf sie wartet.

Amm.:	Buongiorno, sono felice di conoscervi.	Guten Tag, ich freue mich, Sie kennenzulernen.
Dà la mano a Pia e Leo.		*Er gibt Pia und Leo die Hand.*
Pia:	Buongiorno, ci scusiamo per l'inconveniente. Purtroppo c'è stato un notevole ritardo del treno. Ma finalmente siamo qui!	Guten Tag, wir entschuldigen uns für die Unannehmlichkeiten. Leider gab es eine erhebliche Verspätung des Zuges. Aber endlich sind wir da!
Amm.:	Non **fa** niente. Ho bisogno dei vostri documenti.	**Macht** nichts! Ich bräuchte Ihre Ausweisdokumente.
Leo:	**Va** bene anche la patente?	**Ist** der Führerschein auch in Ordnung?

Amm.:	Patente, carta d'identità, passaporto... è lo stesso.	Führerschein, Personalausweis, Reisepass... egal.
Pia:	Prego, questa è la mia carta d'identità.	Bitte, hier ist mein Personalausweis.
Amm.:	Ora **facciamo** il check-in, poi vi consegno le chiavi. Dovete compilare questo modulo con i vostri dati personali e il periodo di permanenza. **Sapete** che si deve pagare un'imposta di soggiorno?	Nun machen wir das Check-in, dann gebe ich Ihnen die Schlüssel. Sie müssten dieses Formular mit Ihren Personalien und der Aufenthaltsdauer ausfüllen. **Wissen Sie**, dass man eine Kurtaxe zahlen muss?
Pia:	Sì, lo **sappiamo**. Si tratta di una tassa locale che **va** pagata per il soggiorno turistico, vero?	Ja, das **wissen wir**. Das ist eine lokale Steuer, die von Touristen bezahlt werden **muss**, oder?
Amm.:	Esatto! Adesso **vengo** con voi al secondo piano, vi **faccio** vedere l'appartamento.	Richtig! Jetzt **komme** ich mit Ihnen in den zweiten Stock und **zeige** Ihnen das Apartment.
	L'amministratore apre la porta.	*Der Verwalter öffnet die Tür.*
Amm.:	Avete a disposizione lenzuola e coperte, gli asciugamani sono appesi in bagno, lo shampoo e il docciaschiuma sono nella cabina doccia, il sapone liquido è sul lavandino e l'asciugacapelli è nell'armadietto sopra il lavandino.	Bettwäsche, Laken und Decken stehen Ihnen zur Verfügung, Handtücher hängen im Bad, Shampoo und Duschgel sind in der Duschkabine, Flüssigseife steht auf dem Waschbecken und der Haartrockner ist im Schrank über dem Waschbecken.

Leo:	Qui vicino ci sono bar per la colazione? Se ci **dà** qualche consiglio…	Sind hier in der Nähe Cafés zum Frühstücken? Wenn Sie uns einen Tipp **geben könn-ten**…
Amm.:	Siamo in centro, vi **do** una lista di locali che hanno una convenzione con la nostra struttura. I nostri ospiti hanno diritto a uno sconto.	Wir sind hier im Zentrum, ich gebe Ihnen eine Liste mit Lokalen, die mit uns kooperieren. Unsere Gäste haben dort Anspruch auf einen Rabatt.
Pia:	Eventualmente possiamo rimanere qualche giorno in più?	Können wir eventuell ein paar Tage länger bleiben?
Amm.:	Certamente! Però dovete dirlo minimo due giorni prima.	Sicher, Sie müssen es aber mindestens zwei Tage vorher sagen.
Pia:	Grazie mille! Arrivederci.	Tausend Dank! Auf Wiedersehen!

Vero o falso? (Richtig oder falsch?)

- Pia e Leo fanno colazione e poi partono.
- L'amministratore chiede scusa.
- Pia dà la patente
- L'appartamento è al secondo piano.
- Non ci sono le lenzuola.

Vero, falso, falso, vero, falso

Imposta di soggiorno (Die Kurtaxe)

È **un'imposta locale** che i visitatori devono pagare quando **soggiornano in una località turistica**. **L'importo varia** in base alla **località** e al **tipo** di alloggio (Hotel, B&B, campeggio) e si calcola in **percentuale sul costo dell'alloggio**. Esiste anche in **altri Paesi europei** e in Italia è prevista in più di 800 **località**. Non la pagano i bambini **fino a 10** anni, i disabili, le guide turistiche e gli autisti di pullman e chi pernotta negli ostelli della gioventù.	Es handelt sich um **eine lokale Steuer**, die Besucher bei einem **Aufenthalt in einem Ferienort** zahlen müssen. Der **Betrag variiert** je nach **Ort** und **Art** der Unterkunft (Hotel, B&B, Camping) und errechnet sich aus einem **Prozentsatz der Übernachtungskosten**. Es gibt sie auch in **anderen europäischen Ländern** und in Italien ist sie an mehr als 800 **Standorten** vorgesehen. Kinder **bis 10 Jahre**, Menschen mit Behinderung, Reiseleiter, Busfahrer und Leute, die in Jugendherbergen übernachten, müssen sie nicht bezahlen.

Vocabolario (Vokabeln)

Italienisch	Deutsch
il documento	das Dokument
la carta d'identità	der Personalausweis
il passaporto	der Reisepass
la patente	der Führerschein
la registrazione	die Anmeldung
il nome e il cognome	der Vor- und Nachname

l'indirizzo	die Adresse
la via	die Straße
il numero civico	die Hausnummer
il codice di avviamento postale	die Postleitzahl
la città	die Stadt
il paese	das Land
il numero di telefono	die Telefonnummer
la firma	die Unterschrift
l'imposta di soggiorno	die Kurtaxe
la caparra	die Kaution
le chiavi (la chiave)	die Schlüssel (der Schlüssel)
la consegna delle chiavi	die Schlüsselübergabe

Alcuni importanti verbi irregolari
(Einige wichtige unregelmäßige Verben)

andare (gehen/fahren)	**venire** (kommen)	**dare** (geben)	**uscire** (hinaus/heraus-gehen, ausgehen, verlassen, herauskommen)
vado	vengo	do	esco
vai	vieni	dai	esci
va	viene	**dà**[1]	esce
andiamo	veniamo	diamo	usciamo
andate	venite	date	uscite
vanno	vengono	danno	escono

sapere (wissen/können)	**stare** (bleiben)	**fare** (machen/tun)
so	sto	faccio
sai	stai	fai
sa	sta	fa
sappiamo	stiamo	facciamo
sapete	state	fate
sanno	stanno	fanno

Nota! (Merke!)

- *Dà* wird mit einem Akzent geschrieben, um es nicht mit der Präposition *da* zu verwechseln. (vgl. Kapitel 10)
- *Sapere* bezeichnet sowohl das Wissen („“ich habe die Information“) als auch die Fähigkeit (ich habe es gelernt, ich weiß, wie es geht“)
- Das Verb *stare* entspricht mehreren deutschen Verben, wie *wohnen, gehen* (im Sinne von: wie geht es?), *bleiben, liegen, sitzen, stehen.*

Frasi quotidiane con verbi irregolari
(Alltagssätze mit unregelmäßigen Verben)

andare	**gehen/fahren**
- Dove **vai** in vacanza? - Quest'anno **vado** al mare.	- Wohin **fährst du** in den Urlaub? - Dieses Jahr **fahre ich** ans Meer.
- **Andate** al cinema? - No, **andiamo** a teatro.	- **Geht ihr** ins Kino? - Nein, **wir gehen** ins Theater.
- Luisa **va** in montagna, Sandro e Paolo **vanno** con lei.	- **Luisa fährt** in die Berge, Sandro und Paolo **fahren** mit.

venire	kommen
- **Vieni** al mare? - **Vengo** volentieri.	- **Kommst du** ans Meer? - **Ich komme** gerne.
- **Viene** anche Marco. - Se **viene** lui non **vengo** io.	- Marco **kommt** auch. - Wenn **er kommt**, komme ich nicht.
- Perché non **venite** con noi? - Perché no… **veniamo** volentieri.	- Warum **kommt ihr** nicht mit uns? - Warum nicht… **wir kommen** gern.
- Loro non **vengono**, sono stanchi.	- **Sie kommen** nicht, sie sind müde.

dare	geben
- Perché sei così contento? - Domani **do** l'ultimo esame.	- Warum freust du dich so? - Morgen **lege ich** die letzte Prüfung **ab**.
- Mi **dai** una penna? - Non ho una penna, ti **do** un lapis.	- **Gibst du** mir einen Kuli? - Ich habe keinen Kuli, **ich gebe** dir einen Bleistift.
- Marco **dà** una festa per la sua laurea.	- Marco **gibt** eine Party für seinen Abschluss.
- A chi **date** questi fiori? - Li **diamo** a nostra madre.	- Wem **gebt ihr** diese Blumen? - **Wir geben** sie unserer Mutter.
- Ci **danno** la colpa di tutto.	- Sie geben uns die Schuld an allem.

uscire	**hinaus/herausgehen, ausgehen, verlassen, herauskommen**
- Da dove **usciamo**? - **Uscite** da quella porta.	- Wo **gehen** wir **hinaus**? - Ihr **geht** durch diese Tür **hinaus.**
- **Esci** stasera? - No, non **esco** perché sono stanco.	- **Gehst du** heute Abend **aus**? - Nein, ich **gehe** nicht **aus**, weil ich müde bin.
- La mattina **esco** di casa presto.	- Morgens **verlasse** ich früh das Haus.
- Fra una settimana **escono** i nuovi libri.	- In einer Woche **kommen** die neuen Bücher **heraus**.

fare	**machen/tun**
- Cosa **fai** il fine settimana? - Non **faccio** niente, mi riposo.	- Was **machst du** am Wochenende? - **Ich mache** nichts, ich ruhe mich aus.
- Mi **fa** male il ginocchio.	- Das Knie **tut** mir weh.
- **Fate** molto sport? - Sì, **facciamo** jogging ogni due giorni.	- **Macht ihr** viel Sport? - Ja, alle zwei Tage joggen wir.
- I bambini non **fanno** volentieri i compiti.	- Die Kinder **machen** nicht gern Hausaufgaben.

sapere	wissen/können
- **Sai** che ore sono? - Non lo **so**, non ho l'orologio.	- **Weißt du**, wie spät es ist? - **Ich weiß** es nicht, ich habe keine Uhr.
- Leo **sa** suonare il pianoforte? - Credo di no, ma **sa** cantare.	- **Kann** Leo Klavier spielen? - Ich glaube nicht, aber er **kann** singen.
- **Sapete** se c'è il dottore? - Non lo **sappiamo**.	- **Wisst ihr**, ob der Arzt da ist? - **Wir wissen** es nicht.
- I bambini non **sanno** ancora leggere bene.	- Die Kinder **können** noch nicht gut lesen.

stare	bleiben, wohnen, gehen, liegen, sitzen, stehen
- Come **stai**? - Non **sto** molto bene, ho mal di testa.	- Wie **geht** es dir? - Es **geht** mir nicht so gut, ich habe Kopfweh.
- Dove abita tuo fratello? - **Sta*** vicino alla farmacia. (*umgangsprachlich).	- Wo wohnt dein Bruder? - **Er wohnt** in der Nähe der Apotheke.
- Stasera **stiamo** a casa, siamo stanchi.	- Heute Abend **bleiben wir** zu Hause, wir sind müde.
- In ufficio **state** sempre **a sedere**, dovete fare un po' di moto.	- Im Büro **sitzt ihr** immer, ihr müsst euch ein bisschen bewegen.
- Gli insegnanti **stanno in piedi** alla lavagna.	- Die Lehrer **stehen** an der Tafel.

Attività | Übungen

1. Trova l'errore e correggi. | Finde den Fehler und korrigiere.

a. Luca non usce stasera, è stanco.
b. Stasera c'è la festa ma loro non venono
c. „Come vai?" „Abbastanza bene, grazie. E tu?
d. „Quando facete i compiti?" „Li facciamo più tardi
e. Se abbiamo tempo, vadiamo al cinema
f. „Non sappiamo quando arrivano?" „Voi lo sappete?"
g. Domani Pietro non vene a scuola, va dal dottore.
h. Stasera Luca da il regalo a sua sorella.
i. I signori Rossi stano vicino a casa mia.
j. Loro hanno le ferie e vadono in vacanza.

2. *Conoscenza* o *capacità*? Spunta. | *Wissen* oder *Fähigkeit*? Kreuze an.

a. W F Non **so** quando tornano.
b. W F Non **sanno** rispondere alla domanda.
c. W F Loro **sanno** molto bene l'italiano.
d. W F **Sapete** dov'è la stazione?
e. W F **Sai** se c'è un bar?

3. *Andare* oder *venire*. | *Kommen* oder *gehen*?

a. Ogni estate gli amici ________________ in vacanza insieme.
b. Stasera noi ________________ al bar. ________________ anche tu con noi?
c. Non so se (io) ________________ a casa tua stasera, forse (io) ________________ a teatro.
d. La mattina i ragazzi ________________ a scuola.
e. "Clara, ________________ al cinema con me?"

05 In gelateria | In der Eisdiele

Sono le 15:00 di una domenica di aprile. Leo e Pia escono per fare un giro nel centro di Firenze. Non hanno piani precisi, mangiano qualcosa in un bar.

Es ist 15:00 Uhr an einem Aprilsonntag. Leo und Pia gehen los, um einen Spaziergang durch die Innenstadt zu machen. Sie haben keinen genauen Plan, sie essen etwas in einem Café.

Pia:	Subito a destra c'è **il** Duomo, ma vedo che c'è **una** lunga fila per la biglietteria. Forse è meglio prenotare **i** biglietti ed entrare domani.	Hier rechts ist **der** Dom, aber ich sehe, dass es **eine** lange Schlange am Ticketschalter gibt. Vielleicht ist es besser, die Eintrittskarten zu buchen und morgen reinzugehen.
Leo:	Lo penso anch'io. Facciamo **un** giro e intanto cerchiamo anche **un** posticino per mangiare qualcosa. Sono veramente affamato. Magari prendiamo qualcosa per fermare la fame. Stasera poi andiamo a cena in **un** locale tipico.	Das denke ich auch. Wir machen **eine** Runde und dabei suchen wir auch **ein** Plätzchen, um etwas zu essen. Ich bin richtig hungrig. Vielleicht stillen wir erstmal den Hunger. Heute Abend gehen wir dann in **ein** typisches Lokal.
Pia:	Andiamo verso **il** fiume, ci sediamo in **una** gelateria e mangiamo **un** gelato. Guarda, lì a	Gehen wir doch in Richtung Fluss, setzen wir uns in **eine** Eisdiele und essen **ein** Eis.

	sinistra, possiamo sederci fuori, è **una** bellissima giornata.	Schau, da links, da können wir uns draußen hinsetzen, es ist **ein** herrlicher Tag.
Si siedono.		*Sie setzen sich.*
Leo:	Il sole è caldo, si sta proprio bene. Cosa prendi? Qui c'è **la** lista dei gelati.	Die Sonne wärmt, hier ist es wirklich angenehm. Was nimmst du? Da ist **die** Eiskarte.
Pia:	Hanno **lo** zabaione, buono! Io prendo **uno** zabaione.	Sie haben Zabaione, lecker! Ich nehme **einen** Zabaione-Becher.
Leo:	E io **una** coppa di gelato alla vaniglia con **lo** yogurt fresco e **i** frutti di bosco. Prendiamo anche **una** bottiglia d'acqua con due bicchieri. Gassata o naturale?	Und ich **einen** Vanille-Becher mit frischem Joghurt und Waldfrüchten. Lass uns auch **eine** Flasche Wasser mit zwei Gläsern nehmen. Still oder mit Sprudel?
Pia:	Lo sai, io preferisco **l'**acqua naturale. Ecco **il** cameriere.	Du weißt doch, dass ich **das** stille Wasser lieber mag. Da ist **der** Kellner!
Cam.:	Buon pomeriggio, cosa desiderate?	Guten Tag, was hätten Sie gern?
Leo:	Allora, **uno** zabaione, **una** coppa vaniglia, yogurt e frutti di bosco… e **una** bottiglia d'acqua naturale, con due bicchieri. Grazie.	Also, **einen** Zabaione-Becher, **einen** Vanille-Becher mit Joghurt und Waldfrüchten… und **eine** Flasche stilles Wasser, mit zwei Gläsern. Danke.
Cam.:	Subito!	Kommt sofort!

***Il** cameriere torna con **i** gelati e **l'**acqua.*

***Der** Kellner bringt **die** Eisbecher und **das** Wasser.*

Leo: Paghiamo subito!

Wir zahlen gleich!

Cam.: 8 € **lo** zabaione, 9 € **la** coppa e 3,50 € **l'**acqua… in tutto 20,50 €.

8 € **der** Zabaione-Becher, 9 € **der** Vanille-Becher und 3,50 € **das** Wasser… das macht zusammen 20,50 €.

Leo: Ecco 50 €. Tenga 3 € di mancia.

50 €, bitteschön. Behalten Sie 3 € Trinkgeld.

Cam.: Grazie a Lei. **Il** resto e buona giornata.

Vielen Dank Ihnen! Hier **das** Restgeld und einen schönen Tag!

Vero o falso? (Richtig oder falsch?)

- Oggi è domenica.
- Al Duomo c'è la fila.
- Pia prende il gelato.
- Il cameriere porta l'acqua gassata.
- Il gelato costa 8 euro.

Vero, vero, falso, falso, falso

Il caffè (Der Kaffee)

In Italia il caffè fa **parte della cultura** del paese. Al bar si ordina un caffè e si riceve un espresso. Sono tante le versioni del caffè, ma qui vediamo le classiche.	In Italien ist der Kaffee **Teil der Kultur** des Landes. Im Café bestellt man einen Kaffee und bekommt einen Espresso. Es gibt viele Arten Kaffee, hier sehen wir die Klassiker.
caffè: è il classico tra gli espressi, la quantità corrisponde a circa mezza tazzina. È caratterizzato dalla classica schiuma marrone chiaro.	**Espresso** (wird in Italien caffé *(Kaffee)* genannt): Das ist der Klassiker unter den Espressos; die Menge entspricht etwa einer halben Tasse. Er zeichnet sich durch den klassischen hellbraunen Schaum an der Oberfläche aus.
caffè ristretto: è un espresso in quantità ridotta poiché contiene meno acqua. È quindi più concentrato e di sapore più deciso.	**Wortwörtlich ein „eingeschränkter Kaffee":** Das ist ein Espresso mit weniger Wasser. Er ist daher konzentrierter und hat einen stärkeren Geschmack.
caffè lungo: è un espresso con più acqua. Contiene più caffeina rispetto al classico espresso e al ristretto poiché il tempo di scorrimento dell'acqua è maggiore.	**„Langer" Kaffee:** ist ein Espresso mit mehr Wasser. Er enthält mehr Koffein als der klassische Espresso und der Ristretto, da die Wasserdurchlaufzeit länger ist.
caffè doppio: è la quantità di due caffé in una tazza da cappuccino. Dunque molto forte!	**„Doppelter" Kaffee:** entspricht der Menge von zwei Espresso in einer Cappuccino-Tasse. Er ist sehr stark!
caffè macchiato caldo: è un espresso con una piccola quantità di latte montato (il latte „macchia" il caffè!).	**Heißer „gefleckter" Kaffee:** Es handelt sich um einen Espresso mit einer kleinen Menge geschäumter Milch (die Milch befleckt den Kaffee!). **Kalter „gefleckter" Kaffee:** wird

caffè macchiato freddo: è servito con latte freddo. A volte il latte viene servito a parte in un piccolo bricco.	mit kalter Milch zubereitet. Manchmal wird die Milch separat in einem Kännchen serviert.
caffè decaffeinato: tutto il sapore del caffè ma senza la caffeina.	**Entkoffeinierter Kaffee:** schmeckt wie Kaffee, enthält aber kein Koffein.
caffè corretto: con una piccola aggiunta di alcool (p.es. Grappa). Per digerire!	**„Korrigierter" Kaffee:** enthält einen Schuss Alkohol (z.B. Grappa). Zum Verdauen!
cappuccino: è un caffè con l'aggiunta di latte montato. È così chiamato perché il colore ricorda il saio dei frati cappuccini. Si beve a colazione!	**Cappuccino:** Ein Espresso, dem aufgeschäumte Milch zugefügt wird. Er wird so genannt, weil die Farbe an die Kutte der Kapuzinermönche erinnert. Er wird zum Frühstück getrunken.

Frasi quotidiane al bar (Alltagssätze im Café)

- Vorrei **un cono** da 3 €. - Quali **gusti**? - Crema, pistacchio e stracciatella.	- Ich hätte gern **ein Eis in der Waffel** für 3 €. - Welche **Sorten**? - Sahne, Pistazie und Stracciatella.
- Prego… - Vorrei **un caffé macchiato**. - Per lei? - Io prendo un **caffé al vetro**.	- Was möchten Sie bitte… - Ich hätte gerne **einen Macchiato.** - Für Sie? - Ich nehme **einen Espresso im Glas.**
- Cosa prendete?	- Was hätten Sie gern?

- Un sorbetto al limone e **un caffé** macchiato caldo.

- Ein Zitronensorbet und **einen Espresso** macchiato caldo.

Vocabolario (Vokabeln)

Italienisch	Deutsch
il servizio	die Bedienung
al banco	an der Theke
al tavolo	am Tisch
il cono	die Waffel
da 1,50 euro	für 1,50 Euro
la coppetta	der Becher
piccola	klein
media	mittel
grande	groß
i gusti	die Geschmacksrichtungen
cioccolato	Schokolade
crema	Sahne
fiordilatte	Milchcreme
limone	Zitrone
nocciola	Haselnuss
panna	Sahne
pistacchio	Pistazie
stracciatella	Stracciatella

vaniglia	Vanille
la coppa gelato	der Eisbecher
il sorbetto	das Sorbet
...al limone	Zitronensorbet
...all'arancia	Orangensorbet
...al pompelmo	Grapefruitsorbet
l'acqua minerale	das Mineralwasser
gassata	mit Kohlensäure
naturale	still
il caffè	der Kaffee (Espresso)
il caffè al vetro	der Kaffee im Glas
il caffè macchiato	der Kaffee macchiato
il caffè ristretto	der Kaffee ristretto
il caffè lungo	der Kaffee lungo
il caffè corretto	der Kaffee mit Schuss
la tazza / la tazzina	die Tasse / die kleine Tasse
il piatto / il piattino	der Teller / der kleine Teller
il cucchiaino	der Teelöffel

Gli articoli (Die Artikel)

Es gibt männliche und weibliche **bestimmte Artikel** (Singular: der/die, Plural: die) und **unbestimmte Artikel** (Singular: ein/eine, Plural: einige).

	Bestimmte Artikel Determinativi		**Unbestimmte Artikel Indeterminativi**	
	M. (männlich)	**F.** (weiblich)	**M.** (männlich)	**F.** (weiblich)
S. (Singular)	il lo l‘	la l‘	un uno un	una un‘
P. (Plural)	i gli gli	le le	(alcuni)	(alcune)

il – i/un

für maskuline Nomen, die mit einem Konsonant beginnen:

il gelato (das Eis)	i gelati (die Eis)	un gelato (ein Eis)
il libro (das Buch)	i libri (die Bücher)	un libro (ein Buch)
il posto (der Platz)	i posti (die Plätze)	un posto (ein Platz)
il cane (der Hund)	i cani (die Hunde)	un cane (ein Hund)
il leone (der Löwe)	i leoni (die Löwen)	un leone (ein Löwe)

lo – gli/un

für maskuline Nomen, die mit S+Konsonant (sb, sc…, sm…, st…, sv) oder z, gn, ps/pn, x, j/y beginnen:

lo sbaglio (der Fehler)	gli sbagli (die Fehler)	uno sbaglio (ein Fehler)
lo sport (der Sport)	gli sport (die Sportarten)	uno sport (eine Sportart)
lo studente (der Student)	gli studenti (die Studenten)	uno studente (ein Student)
lo zaino (der Rucksack)	gli zaini (die Rucksäcke)	uno zaino (ein Rucksack)
lo gnocco (das Stück Gnocchi)	gli gnocchi (mehrere Gnocchi)	uno gnocco (ein Stück Gnocchi)
lo psicologo (der Psychologe)	gli psicologi (die Psychologen)	uno psicologo (ein Psychologe)
lo pneumatico (der Reifen)	gli pneumatici (die Reifen)	uno pneumatico (ein Reifen)
lo xilofono (das Xylofon)	gli xilofoni (die Xylofone)	uno xilofono (ein Xylofon)
lo jogurt (der Joghurt)	gli jogurt (die Joghurt)	uno jogurt (ein Joghurt)

l‘ – gli/un

für maskuline Nomen, die mit einem Vokal beginnen.

l’albero (der Baum)	gli alberi (die Bäume)	un albero (ein Baum)
l’elefante (der Elefant)	gli elefanti (die Elefanten)	un elefante (ein Elefant)
l’indiano (der Inder)	gli indiani (die Inder)	un indiano (ein Inder)
l’occhio (das Auge)	gli occhi (die Augen)	un occhio (ein Auge)
l’uomo (der Mann)	gli uomini (die Männer)	un uomo (ein Mann)

la – le/una

für feminine Nomen, die mit einem Konsonanten beginnen:

la casa (das Haus)	le case (die Häuser)	una casa (ein Haus)
la finestra (das Fenster)	le finestre (die Fenster)	una finestra (ein Fenster)
la storia (die Geschichte)	le storie (die Geschichten)	una storia (eine Geschichte)
la carne (das Fleisch)	le carni (die Fleischsorten)	una carne (eine Fleischsorte)
la classe (die Klasse)	le classi (die Klassen)	una classe (eine Klasse)

l‘ – le/un’

für feminine Nomen, die mit einem Vokal beginnen.

l’auto (das Auto)	le auto (die Autos)	un’auto (ein Auto)
l’estate (der Sommer)	le estati (die Sommer)	un’estate (ein Sommer)
l’ora (die Stunde)	le ore (die Stunden)	un’ora (eine Stunde)
l’indiana (die Inderin)	le indiane (die Inderinnen)	un’indiana (eine Inderin)
l’uscita (der Ausgang)	le uscite (die Ausgänge)	un’uscita (ein Ausgang)

Nota! (Merke!)

- Maskuline und feminine Nomen, die im Singular auf -e enden, enden im Plural immer mit -i.

  Maskulin:

  - **il** leon**e** – **i** leon**i**
  - **l'**elefant**e** – **gli** elefant**i**
  - **il** cantant**e** – **i** cantant**i**
  - **l'**insegnant**e** – **gli** insegnant**i**

  Feminin:

  - **la** tigr**e** – **le** tigr**i**
  - **la** carn**e** – **le** carn**i**
  - **la** cantant**e** – **le** cantant**i**
  - **l'**insegnant**e** – **le** insegnant**i**

- Nomen, die auf -zione, -gione, -sione, -vione enden, sind immer feminin. Sie enden im Singular auf -e und im Plural auf -i.

  - zion**e** **la** stazion**e**/le stazion**i** (der Bahnhof/die Bahnhöfe)
  - gion**e** **la** stagion**e**/le stagion**i** (die Jahreszeit:en)
  - sion**e** **la** television**e**/le television**i** (der/die Fernseher)
  - vion**e** **l'**alluvion**e**/le alluvion**i** (die Überschwemmung:en)

- Fremdwörter, die mit einem Konsonant enden, bleiben im Plural unverändert.

  - il computer – i computer (der/die Computer)
  - il bar – i bar (die Bar:s)
  - lo jogurt – gli jogurt (der Joghurt/die Joghurts)
  - l'hotel – gli hotel (das Hotel/die Hotels)
  - l'e-mail – le e-mail (die E-Mail:s)
  - la t-shirt – le t-shirt (das T-Shirt/die T-Shirts)

Attività | Übungen

1. Trova l'articolo giusto. | Finde den richtigen Artikel.

	il	lo	l'	i	gli	la	l'	le
stagioni								
giornale								
matite								
animali								
figlie								
libro								
lezione								
porta								
agenda								
mese								
ospedali								
studente								
mogli								

2. Articolo determinativo o indeterminativo? | Bestimmter oder unbestimmter Artikel?

a. ________ signora del secondo piano ha _______ figlio e ________ figlia.

b. ________ Sicilia è ________ isola del Sud Italia.

c. A Roma c'è ________ fiume che si chiama Tevere. ________ fiume attraversa la città.

d. Se vai al supermercato, compra ________ chilo di pomodori e prendi anche ________ bottiglia d'acqua.

e. ________ lezione di oggi è molto difficile, facciamo ________ articoli.

06 Al ristorante | Im Restaurant

Dopo una lunga passeggiata nel centro, Pia e Leo hanno fame e vogliono cenare. Cercano sul cellulare e trovano un ristorante tipico nelle vicinanze. Rimangono in centro.

Nach einem langen Spaziergang im Stadtzentrum sind Pia und Leo hungrig und wollen zu Abend essen. Sie suchen auf ihrem Handy und finden ein typisches Restaurant in der Nähe. Sie bleiben im Stadtzentrum.

Leo:	Buona sera, c'è posto per due? Non abbiamo prenotato.	Guten Abend! Gibt es Platz für zwei? Wir haben nicht reserviert.
Cam.:	Buona sera, prego. **Preferite** mangiare all'aperto o all'interno?	Guten Abend, bitte schön! **Möchten Sie** draußen oder drinnen essen?
Leo:	Tu che dici, Pia? Forse è meglio dentro, comincia a fare fresco, c'è anche un po' di vento.	Was denkst du, Pia? Vielleicht ist es drinnen besser, es wird langsam kühl, es weht sogar ein bisschen Wind.
Pia:	Anch'io **preferisco** all'interno.	Auch **ich ziehe** drinnen **vor**.
Cam.:	Accomodatevi! Ecco il menù, c'è anche una lista extra, con i piatti della casa. Da bere cosa vi porto? Bevete del vino?	Nehmen Sie Platz! Hier ist die Speisekarte, es gibt auch eine extra Karte mit Spezialitäten des Hauses. Was darf ich

		Ihnen zu trinken bringen? Trinken Sie Wein?
Pia:	Una bottiglia d'acqua naturale, poi **scegliamo** il vino.	Eine Flasche stilles Wasser, dann **wählen wir** den Wein.
Leo:	Veramente carino questo ristorante, vero? Il menù è particolarmente ricco, forse è meglio chiedere al cameriere di consigliarci qualcosa di veramente tipico.	Dieses Restaurant ist wirklich nett, nicht wahr? Die Speisekarte ist besonders groß, vielleicht ist es besser, den Kellner zu bitten, uns etwas wirklich Typisches zu empfehlen.
Il cameriere torna con l'acqua.		*Der Kellner bringt das Wasser.*
Pia:	Ci potrebbe consigliare qualcosa? Non sappiamo cosa prendere.	Könnten Sie uns etwas empfehlen? Wir wissen nicht, was wir nehmen sollen.
Cam.:	Certo! Siamo specializzati in piatti toscani, vi **posso** consigliare la bistecca alla fiorentina.	Natürlich! Wir sind auf toskanische Gerichte spezialisiert, ich **kann** Ihnen das Florentiner Steak empfehlen.
Leo:	Alla fiorentina? Cosa significa?	Florentiner? Was bedeutet das?
Cam.:	È una bistecca molto spessa, arrostita sulla brace rovente. Se non **volete** carne posso proporre la ribollita, una zuppa di pane con fagioli e cavolo nero.	Das ist ein sehr dickes Steak, das auf der heißen Glut gebraten wird. Wenn Sie kein Fleisch **wollen**, kann ich Ihnen Ribollita empfehlen, eine Brotsuppe mit dicken Bohnen und Schwarzkohl.
Leo:	Prendo la ribollita. Tu?	Ich nehme die Ribollita. Du?
Pia.:	Anch'io. E un bicchiere di vino rosso.	Die nehme ich auch. Und ein Glas Rotwein.

Leo:	Scusi, dov'è la toilette? **Devo** lavarmi le mani.	Entschuldigen Sie, wo ist die Toilette? **Ich muss** mir die Hände waschen.
Cam.:	In fondo alla sala, a destra.	Im hinteren Teil des Raums rechts.

Vero o falso? (Richtig oder falsch?)

- Il ristorante non è vicino.
- Preferiscono mangiare dentro.
- Il cameriere propone due piatti tipici.
- Leo e Pia prendono la zuppa di pane.
- La toilette è in fondo, a sinistra.

Falso, vero, vero, vero, falso

Il pane toscano (Toskanisches Brot)

Il pane toscano è **sciocco**! Ma perché? Ci sono delle **leggende** che, sicuramente, hanno un fondo di verità. Una racconta che intorno al 1100 i **pisani**, rivali dei fiorentini, imponevano **tasse altissime sul sale**, per cui i **cittadini di Firenze**, per non pagarle **hanno rinunciato** al sale per la preparazione del pane.	Toskanisches Brot ist fad! Aber warum? Es gibt **Legenden**, die diesbezüglich sicherlich im Kern etwas Wahres enthalten. Eine Legende besagt, dass um das Jahr 1100 die **Einwohner von Pisa**, Rivalen der Florentiner, sehr **hohe Steuern auf Salz** erhoben, so dass die **Bürger von Florenz**, auf Salz zur Brotherstellung **verzichteten,** um sie nicht bezahlen zu müssen.
Comunque **il pane sciocco** è l'ideale per accompagnare i **sapori forti** della cucina toscana: il salame, il prosciutto crudo salato, la ribollita, l'olio d'oliva. E **i contadini**, dopo una dura giornata di lavoro nei campi, **inzuppavano** il pane **nel vino**.	**Das fade Brot** ist jedoch ideal, um die **starken Aromen** der toskanischen Küche zu begleiten: Salami, gesalzener Rohschinken, die Ribollita, Olivenöl. Und nach einem anstrengenden Tag auf den Feldern tunkten **die Bauern** das Brot **in Wein**.
L'aggettivo *sciocco* indica qualcuno un po' **stupido**, un sempliciotto, qualcuno a cui **manca il sale in zucca**. Gli **antichi romani** conservavano il **sale proprio nelle zucche** svuotate della polpa. Da qui il significato di poco salato. **La zucca** è anche un **modo ironico** per definire **la testa**.	Das Adjektiv *sciocco* bezeichnet jemanden, der etwas **dumm** ist: ein einfacher Mensch, dem Grips **fehlt** (wörtlich: „das Salz im Kürbis"). Die **alten Römer** bewahrten ihr **Salz in Kürbissen** auf, aus denen das Fruchtfleisch herausgekratzt worden war. Daher kommt die Bedeutung von „(zu) wenig salzig". **„Kürbis"** wiederum ist eine **ironische Bezeichnung** für **den Kopf.**

Frasi quotidiane con verbi irregolari

(Alltagssätze mit unregelmäßigen Verben)

- Quanto tempo **rimani** a Firenze?
- **Rimango** una settimana

- Wie lange **bleibst du** in Florenz?
- **Ich bleibe** eine Woche.

- **Vengono** anche loro?
- No, **rimangono** a casa, sono stanchi.

- **Kommen sie** auch (mit)?
- Nein, **sie bleiben** zu Hause, sie sind müde

- Arrivo subito, **sali**?
- No, non **salgo**, ti aspetto giù.

- Ich komme gleich, **kommst du** hoch?
- Nein, **ich komme** nicht hoch, ich warte unten auf dich.

- Loro **salgono** sul taxi mentre il tassista mette le valigie nel bagagliaio.

- **Sie steigen** ins Taxi, während der Taxifahrer die Koffer in den Kofferraum legt.

- Cosa prendiamo da bere?
- Cosa **dite**, prendiamo una bottiglia di bianco?

- Was nehmen wir zu trinken?
- Was **meint ihr**, nehmen wir eine Flasche Weißwein?

- Fra le due gonne, quale **scegli**?
- **Scelgo** la verde, mi piace di più.

- Welchen der beiden Röcke **nimmst du**?
- **Ich nehme** den Grünen, er gefälllt mir besser.

- Mentre Pia e Leo **scelgono** il vino, il cameriere porta l'acqua.

- Während Pia und Leo den Wein **aussuchen,** bringt der Kellner das Wasser.

- È libero questo posto?
- Certo, adesso **tolgo** la mia borsa.

- Ist der Platz frei?
- Natürlich, ich **nehme** gleich meine Tasche **weg**.

- Loro **tolgono** i fiori dal tavolo e apparecchiano.

- **Sie nehmen** die Blumen vom Tisch und decken auf.

- Prendi la pasta?
- No, prefer**isc**o un secondo.

- Nimmst du Pasta?
- Nein, **ich bevorzuge** ein Hauptgericht.

- Cosa fanno oggi?
- Pul**isc**ono la cucina.

- Was machen sie heute?
- Sie **putzen** die Küche.

- Dov'è Alessio?
- Fin**isc**e di mangiare e viene.

- Wo ist Alessio?
- Er isst fertig, dann kommt er.

- A chi sped**isc**i questa cartolina?
- La sped**isc**o a mia madre.

- Wem **schickst du** die Karte?
- **Ich schicke** sie meiner Mutter.

Vocabolario (Vokabeln)

Italienisch	Deutsch
il menù	die Speisekarte
il piatto della casa	die Spezialität des Hauses
il piatto del giorno	das Tagesgericht
la carta dei vini	die Weinkarte
il vino rosso/bianco/rosé	der Rot-, Weiß-, Roséwein
il vino della casa	der Hauswein
l'antipasto	die Vorspeise
l'antipasto di mare	Vorspeise mit Meeresfrüchten
l'antipasto di terra	Kalte Platte mit Aufschnitt
il primo (piatto)	der erste Gang
pasta (spaghetti, penne, tortellini, lasagne…)	Pasta (Nudelgerichte)
riso (risotto con i funghi, con lo zafferano…)	Reis (Reisgericht mit Pilzen, mit Safran…)

brodo (tortellini in brodo…)	Brühe (Tortellini in der Suppe)
il secondo (piatto)	der zweite Gang (Hauptspeise)
carne (maiale, manzo, vitello)	Fleisch (Schwein, Rind, Kalb)
pesce (orata, branzino, frittura di pesce)	Fisch (Dorade, Wolfsbarsch, frittierter Fisch)
pollo	Hähnchen
uova	Eier
il contorno	die Beilage
patate arrosto	Bratkartoffeln
patatine fritte	Pommes Frites
verdure miste	gemischtes Gemüse
insalata	Salat
fagioli	Bohnen
il dessert	die Nachspeise
la frutta	das Obst
la frutta di stagione	das Obst der Saison
il caffé	der Espresso (Kaffee)
il digestivo	der Digestif
l'intolleranza alimentare	die Lebensmittelintoleranz
…al glutine	Glutenunverträglichkeit
…al lattosio	Laktoseunverträglichkeit
Sono intollerante al glutine, avete la pasta senza glutine?	Ich habe eine Glutenunverträglichkeit. Haben Sie glutenfreie Nudeln?
Sono celiaco/celiaca.	Ich leide an Zöliakie.
Sono vegano/vegana.	Ich bin Veganer:in.
Sono vegetariano/vegetariana.	Ich bin Vegetarier:in.
l'allergia	die Allergie
Sono allergico ai crostacei/alle arachidi.	Ich bin allergisch gegen Schalentiere/Erdnüsse.

Altri verbi irregolari (Weitere unregelmäßige Verben)

rimanere (bleiben)	**salire** (steigen)	**bere** (trinken)
riman**g**o	sal**g**o	bevo
rimani	sali	bevi
rimane	sale	beve
rimaniamo	saliamo	beviamo
rimanete	salite	bevete
riman**g**ono	sal**g**ono	bevono

dire (sagen)	**scegliere** ((aus)wäh-len/aussuchen)	**togliere** (wegnehmen)
dico	scel**g**o	tol**g**o
dici	scegli	togli
dice	sceglie	toglie
diciamo	scegliamo	togliamo
dite	scegliete	togliete
dicono	scel**g**ono	tol**g**ono

preferire (bevorzugen)	**pulire** (putzen)	**finire** (beenden)
prefer**isc**o	pul**isc**o	fin**isc**o
prefer**isci**	pul**isci**	fin**isci**
prefer**isc**e	pul**isc**e	fin**isc**e
preferiamo	puliamo	finiamo
preferite	pulite	finite
prefer**isc**ono	pul**isc**ono	fin**isc**ono

potere (können)	**volere** (wollen)	**dovere** (müssen)
posso	voglio	devo
puoi	vuoi	devi
può	vuole	deve
possiamo	vogliamo	dobbiamo
potete	volete	dovete
possono	vogliono	devono

Nota! (Merke!)

- Die Verben *bere* (trinken) und *dire* (sagen) sind im Infinitiv unregelmäßig. *Dire* ist auch in der zweiten Person Plural unregelmäßig (*voi dite*).
- Einige Verben mit *-ire* haben *-isc* in den ersten drei Personen Singular (io, tu, lui/lei/Lei) und in der dritten Person Plural. Diese Verben müssen gelernt werden, z.B. *spedire* (verschicken), *capire* (verstehen), *colpire* (schlagen), *condire* (anmachen/Salat), *dimagrire* (abnehmen), *distribuire* (verteilen), *incuriosire* (neugierig machen), *obbedire* (gehorchen), *proibire* (verbieten), *punire* (bestrafen), *restituire* (zurückgeben), *unire* (vereinen).
- Mit dem Verb *potere* (können) kann um **Erlaubnis gefragt** und eine **Möglichkeit ausgedrückt** werden:

Erlaubnis:	**Posso** entrare? (**Darf ich** eintreten?)
Möglichkeit:	Non **posso** giocare a tennis, mi fa male un ginocchio. (**Ich kann nicht** Tennis spielen, ein Knie tut mir weh.)

- Mit dem Verb *volere* (wollen) kann ein **Wunsch geäußert** oder eine **Einladung ausgesprochen** werden:

Wunsch:	**Vogliono** andare in centro. (**Sie möchten**/wollen ins Zentrum gehen.)
Einladung:	**Volete** venire con noi? (**Möchtet ihr** mit uns mitkommen?)

- Mit dem Verb *dovere* (müssen) kann eine **Pflicht**, eine **Notwendigkeit** oder eine **Vermutung** geäußert werden:

Pflicht:	C'è un senso unico, **devi** girare a destra! (Da ist eine Einbahnstraße, **du musst** rechts abbiegen!)
Notwendigkeit:	Per superare l'esame, **dovete** studiare di più. (Um die Prüfung zu bestehen, **müsst ihr** mehr lernen.)
Vermutung:	Questo libro **deve** essere di Leo. (Dieses Buch **muss** von Leo sein.)

Attività | Übungen

1. Dal singolare al plurale e viceversa. | Vom Singular zum Plural und umgekehrt.

a. Domani **rimaniamo** a casa perché non **dobbiam**o lavorare.

b. Quando **dici** al direttore che **vuoi** un aumento?

c. **Finiamo** di mangiare e poi **puliamo** il tavolo.

d. Voi **condite** l'insalata con l'olio e l'aceto e poi la **portate** in tavola.

e. Lui **sale** per le scale perché **ha** paura dell'ascensore.

2. Aggiungi la forma corretta del verbo. | Ergänze die richtige Verbform.

capire condire distribuire finire preferire proibire pulire restituire spedire obbedire

a. Vado alla posta e ________________ la lettera.
b. Quando l'insegnante parla velocemente, gli studenti non ________________.
c. A me piace il mare, lui ________________ la montagna.
d. Mentre io ________________ la pasta, tu puoi apparecchiare la tavola.
e. Vanno in biblioteca e ________________ i libri.
f. I bravi bambini ________________ ai genitori.
g. Prima (io) ________________ di mangiare e poi guardo la televisione.
h. L'insegnante ________________ i fogli con gli esercizi.
i. ________________ tu i vetri mentre io lavo i piatti?
j. I genitori ________________ al figlio di uscire la sera.

3. *Potere, volere* o *dovere*? | *Können, wollen* oder *müssen*?

a. Oggi Luca non __________ giocare a tennis perché __________ restare a casa e studiare.
b. Se (voi) __________ andare in piazza con la macchina, __________ girare a destra perché a sinistra c'è un senso unico.
c. I bambini non __________ restare a casa da soli; la mamma __________ trovare una baby-sitter.
d. Scusi, (noi) __________ entrare? (voi) __________ aspettare un momento, il dottore è occupato.
e. (Tu) __________ un cioccolatino? No, non __________ mangiarli, sono a dieta.

07 Vetrine e moda | Schaufenster und Mode

Dopo la cena i due tornano a piedi all'appartamento. Guardano le vetrine dei negozi e parlano della loro giornata e di cosa vogliono fare durante la vacanza.

Nach dem Abendessen gehen die beiden zu Fuß zurück zur Wohnung. Sie schauen sich die Schaufenster der Geschäfte an und reden über ihren Tag und darüber, was sie im Urlaub machen möchten.

Leo:	Stefan dice che a Firenze c'è un bellissimo mercato coperto, dove si può mangiare e comprare qualcosa.	Stefan sagt, dass es in Florenz eine schöne Markthalle gibt, wo man gut essen und etwas kaufen kann.
Pia:	E **chi** è Stefan?	Und **wer** ist Stefan?
Leo:	Un amico della palestra. Non lo conosci?	Ein Freund aus dem Fitnessstudio. Kennst du ihn nicht?
Pia:	Mai sentito. **Dov**'è questo mercato? **Quando** ci andiamo?	Nie von ihm gehört. **Wo** ist der Markt? **Wann** gehen wir dorthin?
Leo:	È in centro, possiamo andare verso la fine della nostra vacanza.	Er ist in der Innenstadt, wir können gegen Ende des Urlaubs hingehen.
Pia:	A proposito, **quanti** giorni restiamo?	Übrigens, **wie viele** Tage bleiben wir?

	Dobbiamo avvertire se prolunghiamo la nostra permanenza.	Wir müssen Bescheid sagen, wenn wir unseren Aufenthalt verlängern.
Leo:	Tu **cosa** dici?	**Was** meinst du?
Pia:	Vediamo... guarda quella vetrina... ci sono tante belle scarpe, **quali** ti piacciono?	Mal sehen... Schau mal das Schaufenster... Da sind viele schöne Schuhe, **welche** gefallen dir?
Leo:	Mi piacciono quelle marroni, sono molto eleganti. A te?	Mir gefallen die braunen, sie sind sehr elegant. Und dir?
Pia:	A me piacciono quei sandali rossi... prima di partire dobbiamo venire in questo negozio. Senti, domani **che cosa** facciamo?	Mir gefallen die roten Sandalen... Bevor wir abfahren müssen wir in dieses Geschäft gehen. Sag mal, **was** machen wir morgen?
Leo:	Domani visitiamo il Duomo, andiamo presto per non trovare molta fila. Poi abbiamo tempo per andare a Pistoia, non è molto lontana da Firenze ed è carina.	Morgen besichtigen wir den Dom, wir gehen früh los, um keine Schlange vorzufinden. Dann haben wir Zeit, um nach Pistoia zu fahren, es ist nicht so weit von Florenz und ist seht nett.
	Stasera prenoto anche una visita alla città sotterranea.	Heute Abend buche ich auch eine Tour in der unterirdischen Stadt.
Pia:	Hai già letto qualcosa sulla guida?	Hast du schon was im Reiseführer gelesen?
Leo:	Sì, ieri in treno.	Ja, gestern im Zug.
Pia.:	Va bene, il programma mi piace. Adesso però andiamo a dormire, *sono cotta*!	Gut, das Programm gefällt mir. Jetzt gehen wir aber schlafen, ich bin *cotta*!

Leo: **Come** cotta? — Wie *gekocht*?

Pia: Sì, sono stanchissima! — Ja, ich bin unheimlich müde!

Vero o falso? (Richtig oder falsch?)

- Stefan è un collega.
- Le scarpe sono nella vetrina.
- Pia ama i sandali marroni.
- Leo non sa cosa fare domani.
- Pia è molto stanca.

Falso, vero, falso, falso, vero

Firenze e la moda (Florenz und die Mode)

L'Alta Moda è nata a Firenze, quando, il 12 febbraio 1951, Giovanni Battista Giorgini organizza nella sua villa la prima sfilata di moda. Una targa ricorda l'evento:	Haute Couture ist in Florenz entstanden, als Giovanni Battista Giorgini am 12. Februar 1951 in seiner Villa die erste Modeschau organisierte. Ein Schild erinnert an das Ereignis:
„Nella sua casa all'interno di questo giardino Giovanni Battista Giorgini (1898-1971) organizzò il 12 febbraio 1951 la prima sfilata di alta moda italiana".	*„Giovanni Battista Giorgini (1898-1971) organisierte in diesem Garten in seinem Haus am 12. Februar 1951 die erste Modeschau der italienischen Haute Couture"*
Molti sono gli stilisti fiorentini, nomi che tutti conoscono: Gucci, Ferragamo, Cavalli, Coveri e altri.	Es gibt viele florentinische Modeschöpfer mit Namen, die alle kennen: Gucci, Ferragamo, Cavalli, Coveri und andere.
Due volte all'anno, Firenze ospita a Palazzo Pitti la settimana della moda.	Zweimal im Jahr beherbergt Florenz im Palazzo Pitti die Modewoche.
Due musei della moda meritano una visita: il Museo Salvatore Ferragamo e il Gucci Garden.	Zwei Modemuseen sind zudem einen Besuch wert: Das Museum Salvatore Ferragamo und der Gucci Garden.
Ferragamo è conosciuto come il *Calzolaio dei sogni* e ha creato scarpe per Audrey Hepburn, Cary Grant, Marilyn Monroe, Marlene Dietrich, la Casa Reale inglese. Al museo ci sono le sue creazioni.	Ferragamo ist als *Schuhmacher der Träume* bekannt und hat Schuhe für Audrey Hepburn, Cary Grant, Marylin Monroe, Marlene Dietrich und das englische Könighaus kreiiert. Im Museum sind seine Kreationen zu sehen.
Gucci non ha bisogno di presentazioni: il Gucci Garden si trova direttamente in Piazza della Signoria.	Gucci braucht keine weiteren Einführungen: Der Gucci Garden befindet sich direkt auf der Piazza della Signoria.

Frasi quotidiane shopping e moda (Alltagssätze Shopping und Mode)

- Vorrei provare quella gonna…
- Che taglia?
- In Germania prendo una 38.
- Una 42 italiana dovrebbe andare bene.

- Ich möchte diesen Rock anprobieren…
- Welche Größe?
- In Deutschland trage ich eine 38.
- Eine italienische 42 sollte passen.

- Avete queste scarpe in nero?
- Adesso guardo… mi dispiace, sono rimaste solo in testa di moro.
- Va bene lo stesso!
- Che numero?
- Un 44 (quarantaquattro).

- Haben Sie diese Schuhe in Schwarz?
- Nun, schaue ich mal …. Es tut mir leid, sie sind nur noch in Dunkelbraun da.
- Das ist auch gut!
- Welche Größe?
- Eine 44, bitte.

Frasi quotidiane con interrogativi (Alltagssätze mit Fragewörtern)

- **Perché** sei triste?
- **Perché** la vacanza è finita.

- **Warum** bist du traurig?
- Weil der Urlaub zu Ende ist.

- **(Che) cosa** mangi?
- Prendo **il pesce**.

- **Was** isst du?
- Ich nehme Fisch.

- **Chi** è quel ragazzo?
- È **un mio amico**.

- **Wer** ist der Junge?
- Das ist ein Freund vom mir.

- **Dove** vivono?
- Vivono **a Francoforte.**

- **Wo** wohnen sie?
- Sie wohnen in Frankfurt.

- **Dove** vai?
- Vado **a scuola**.

- **Wohin** gehst du?
- Ich gehe zur Schule.

- **Da dove** vieni?
- Torno **da**lle vacanze.

- **Woher** kommst du?
- Ich komme aus dem Urlaub.

- **Quando** tornate?
- Torniamo fra due giorni.

- **Wann** kommt ihr?
- Wir kommen in zwei Tagen.

- **Quanto** costa?
- 150 euro.

- **Wie viel** kostet es?
- 150 €.

- **Quanto** zucchero?
- 2 cucchiaini.

- **Wie viel Zucker**?
- 2 Teelöffel.

- Quant**a acqua** desideri?
- Mezzo bicchiere.

- **Wie viel Wasser** möchtest du?
- Ein halbes Glas.

- **Quante** volte vai in palestra?
- **Due volte** alla settimana.

- **Wie oft** gehst du ins Fitnessstudio?
- Zweimal in der Woche.

- **Quanti** libri leggi all'anno?
- Circa cinque.

- **Wie viele Bücher** liest du im Jahr?
- Circa 5.

- **Quale** gonna ti piace?
- Quella nera.

- **Welcher Rock** gefällt dir?
- Der schwarze.

- **Quali scarpe** prendi?
- Quelle più belle.

- **Welche Schuhe** nimmst du?
- Die schönsten.

- **Quale** vino preferisci?
- Il bianco.

- **Welchen Wein** bevorzugst du?
- Den weißen.

- **Quali** pantaloni ti metti?
- Quelli grigi.

- **Welche Hose** ziehst du an?
- Die graue.

- **Come** sono gli spaghetti?
- Sono molto buoni.

- **Wie** schmecken die Spaghetti?
- Sie schmecken sehr gut.

Vocabolario (Vokabeln)

Italienisch	Deutsch
nel negozio	im Geschäft
l'insegna	das Ladenschild
la vetrina	das Schaufenster
l'espositore	die Auslage
lo scaffale	das Regal
la stampella / la gruccia	der Kleiderbügel
la scatola da scarpe	der Schuhkarton
la confezione	die Verpackung
il sacchetto / la busta	die Tüte
il commesso/la commessa	der/die Verkäufer:in
il camerino/la cabina di prova	die Umkleidekabine
lo specchio	der Spiegel
provare l'abito/i pantaloni	das Kleid/die Hose anprobieren
la taglia (abiti)...	die Größe (Bekleidung)
...(troppo) piccola	(zu) klein
...(troppo) grande	(zu) groß
...più piccola	kleiner
...più grande	größer
il numero (scarpe)	die (Schuh-)Größe
un numero superiore / più grande	eine Nummer größer
un numero inferiore/ più piccolo	eine Nummer kleiner

Attività | Übungen

1. Collega le frasi. | Verbinde die Sätze.

1.	**Quali esercizi** hai fatto?	o	A. Un nuovo film.
2.	**Come** stanno i tuoi fratelli?	o	B. Noi.
3.	**Quando** mi riporti le chiavi?	o	C. Una alla settimana.
4.	**Chi** viene al cinema?	o	D. Sul tavolo.
5.	**Perché** non vieni con noi?	o	E. Domani sera.
6.	**Quante volte** vai a lezione d'italiano?	o	F. Mi dispiace, ho da fare.
7.	**(Che) cosa** hai visto al cinema?	o	G. Quelli sugli interrogativi.
8.	**Dov'è** il libro di grammatica?	o	H. Bene, grazie.

2. Metti gli interrogativi. | Setze die Fragewörter ein.

come chi quanto perché quali dove quando quale dove perché

a. __________ abitano i tuoi amici?
b. Franco? Non lo conosco. Non so __________ è.
c. Scusate, sapete __________ sono i libri gialli?
d. __________ non mi dici la verità?
e. Ti aspettiamo, __________ vieni?
f. __________ film vuoi vedere stasera? Questo o l'altro?
g. Vorrei sapere __________ costano quelle scarpe.
h. __________ sta tua sorella?
i. __________ domani non andiamo al mare?
j. Non so __________ pantaloni indossare.

08 Il mercato a Pistoia | Der Markt in Pistoia

Il giorno seguente, dopo la visita al Duomo di Firenze, la coppia è in gita a Pistoia, poco più di mezz'ora di treno. Sono in Piazza della Sala, nel centro storico della cittadina, dove c'è un caratteristico mercato di frutta e verdura (ven.=venditrice).

Am nächsten Tag, nach dem Besuch des Doms in Florenz, macht das Paar einen Ausflug nach Pistoia, das nur eine halbe Stunde mit dem Zug entfernt ist. Sie sind auf der Piazza della Sala, im historischen Zentrum der Stadt, wo es einen malerischen Obst- und Gemüsemarkt gibt.

Leo:	Che **bei** colori! E quanta buona frutta! Vorrei fare una **bella** foto.	Was für **schöne** Farben! Und was für gutes Obst! Ich würde gerne ein **schönes** Foto machen.
Pia:	Anche il Battistero e il Duomo, che abbiamo appena visitato, sono molto **belli**.	Auch die Taufkapelle und der Dom, die wir gerade besucht haben, sind sehr **schön**.
Leo:	Guarda là, **quel** pozzo. Chissà perché c'è **quel** leone lì sopra. Aspetta, adesso leggo **quello** che c'è scritto sulla guida. Si chiama „Pozzo del Leoncino", il leone rappresenta il dominio di Firenze su Pistoia.	Sieh mal, **der** Brunnen da. Ich frage mich, warum **der** Löwe da oben ist. Warte, ich lese gleich mal, **was** im Reiseführer steht. Er heißt "Pozzo del Leoncino", der Löwe steht für die Herrschaft von Florenz über Pistoia.

Pia:	**Queste** bancarelle sono molto caratteristiche e **questa** piccola piazza è un gioiellino. Ci sono primizie di frutta e verdura. Compriamo un po' di **quelle** fragole? Guarda come sono rosse!	**Diese** Stände sind sehr typisch und **dieser** kleine Platz ist ein Juwel. Es gibt das beste Obst und Gemüse. Sollen wir ein paar von **den** Erdbeeren kaufen? Schau, wie rot sie sind!
Pia si avvicina alla bancarella.		*Pia geht zum Stand hin.*
Pia:	Buongiorno! Quanto costano **queste** fragole?	Guten Tag! Was kosten **diese** Erdbeeren?
Ven.:	2,50 euro al chilo. Quante ne desidera?	Ein Kilo kostet 2,50 €. Wie viele möchten Sie davon?
Pia:	Mezzo chilo, grazie. Ecco a Lei 2 euro.	Ein halbes Kilo, bitte. Hier sind 2 Euro für Sie.
Ven.:	Grazie! 75 centesimi di resto. Arrivederci.	Danke! 75 Cent zurück. Auf Wiedersehen.
Leo:	Proseguiamo! C'è ancora qualcosa da vedere, prima della visita guidata della città sotterranea.	Weiter geht's! Es gibt noch etwas zu sehen, bevor die Führung durch die unterirdische Stadt beginnt.
Pia:	A **quella** fontanella laviamo le fragole prima di mangiarle. Telefoniamo anche a Anna e Luca? Magari domani possiamo andare da loro a Fiesole.	An **dem** Brunnen waschen wir die Erdbeeren, bevor wir sie essen. Sollen wir Anna und Luca auch noch anrufen? Vielleicht können wir morgen zu ihnen nach Fiesole fahren.
Leo:	Li chiamiamo più tardi. Tra poco abbiamo l'appuntamento per la visita guidata. Non voglio perdermi **questa** esperienza. Ho letto che il percorso	Wir werden sie später anrufen. Bald haben wir den Termin für die Führung. **Dieses** Erlebnis möchte ich mir nicht

	è sotto l'antico ospedale.	entgehen lassen. Ich habe gelesen, dass die Route unter dem alten Krankenhaus verläuft.
Pia.:	Allora andiamo, non è lontano da qui.	Also los, es ist nicht weit von hier.

Vero o falso? (Richtig oder falsch?)

- Pistoia è molto lontana da Firenze.
- Hanno visitato il Duomo.
- Pia compra un po' di verdura.
- Le fragole costano 2 euro al chilo
- Più tardi telefonano agli amici.

Falso, vero, falso, falso, vero

Pistoia

Questa città si trova **tra Firenze e Lucca**, ma è più piccola di Firenze e si può visitare facilmente in un fine settimana.	Diese Stadt liegt **zwischen Florenz und Lucca**, ist aber kleiner als Florenz und kann leicht an einem Wochenende besucht werden.
È stata la Capital**e della Cultura italiana** nel 2017.	Im Jahr 2017 war sie die **italienische Kulturhauptstadt**.
Piazza del Duomo, una delle più belle d'Italia, ospita anche il Palazzo del Comune e il bellissimo Battistero ottagonale.	Piazza del Duomo, einer der schönsten Plätze Italiens, beherbergt auch den Palazzo del Comune und die schöne achteckige Taufkapelle.
L'Ospedale del Ceppo è noto per le decorazioni di Giovanni Della Robbia. **Secondo una leggenda**, il nome Spedale del Ceppo deriva da un ceppo fiorito durante l'inverno, segnale divino di dove fondare l'ospedale. Come ospedale ha funzionato fino al 2013, quando è stato sostituito da uno nuovo.	Das Ospedale del Ceppo ist bekannt für seine Dekorationen von Giovanni Della Robbia. **Einer Legende zufolge** stammt der Name Spedale del Ceppo von einem Baumstumpf, der im Winter blühte - ein göttliches Zeichen für die Gründung des Krankenhauses an diesem Ort. Als Krankenhaus diente es bis 2013, als es durch ein neues ersetzt wurde.
L'Ospedale del Ceppo **è molto antico**: fondato nel 1277 è stato anche la sede di una Scuola medica, dove si svolgevano lezioni di anatomia. Proprio dalla sala anatomica parte il percorso della città sotterranea, dove è possibile vedere antichi lavatoi e la ruota di un frantoio medievale che riforniva l'ospedale dell'olio per i prodotti farmaceutici.	Das Ospedale del Ceppo **ist sehr alt**: Es wurde im Jahr 1277 gegründet und beherbergte auch eine Schule der Medizin, in der Anatomieunterricht erteilt wurde. Vom Anatomiesaal aus beginnt der unterirdische Stadtrundgang, bei dem man antike Waschhäuser und das Rad einer mittelalterlichen Ölmühle sehen kann, die das Krankenhaus mit Öl für pharmazeutische Produkte versorgte.

Frasi quotidiane al mercato (Alltagssätze auf dem Markt)

- **Quanto costano** le fragole? - 2 euro al chilo/ una cassetta 5 euro. Quante ne vuole? - Un chilo e mezzo, grazie.	- **Was kosten** die Erdbeeren? - Ein Kilo 2 €/eine Kiste 5 €. Wie viel möchten Sie (davon)? - Eineinhalb Kilo, danke.
- **Quanto costa** la lattuga? - Un cesto/cespo 1,49 euro.	- **Was kostet** der Kopfsalat? - 1,49 € das Stück.
- Belli **questi carciofi,** ma sono un po' cari… - Sono molto freschi. Sono di produzione locale.	- **Diese Artischocken** sind schön, aber ein bisschen teuer… - Sie sind sehr frisch. Sie sind aus regionaler Herkunft.
- Ti piace **questa** pasta? - Sì, mi piace molto **questo** sugo.	- Schmeckt dir **diese** Pasta? - Ja, mir schmeckt **diese** Soße sehr.
- **Quest'**orata è squisita! - Anche **queste** patate sono buone.	- **Diese** Dorade ist köstlich! - **Diese** Kartoffeln sind auch gut.
- Guarda **quegli** stivali, ti piacciono? - Molto, guarda anche **quel** giubbotto.	- Schau **die** Stiefel (da), gefallen sie dir? - Sehr, schau dir auch **die** Lederjacke (da) an.
- In questa zona ci sono dei **begli a**lberghi e delle belle case.	- In dieser Gegend gibt es **schöne** Hotels und schöne Häuser.
- Guarda quei **begli** zaini… - Preferisco **questi** qui.	- Schau da, die **schönen** Rucksäcke… - Ich ziehe **diese** hier vor.

Vocabolario (Vokabeln)

Italienisch	Deutsch
la bancarella/il banco	der (Markt)Stand
il banco della frutta	der Obststand
il banco della verdura	der Gemüsestand
il venditore/la venditrice	der/die Verkäufer:in
la frutta	das Obst
la mela/le mele	der Apfel/die Äpfel
la pera/le pere	die Birne/die Birnen
la pesca/le pesche	der Pfirsich/die Pfirsiche
l'arancia/le arance	die Orange/die Orangen
la prugna/le prugne	die Pflaume/die Pflaumen
la fragola/le fragole	die Erdbeere/die Erdbeeren
il mirtillo/i mirtilli	die Heidelbeere/die Heidelbeeren
l'anguria	die Wassermelone
il melone	die Melone
la verdura	das Gemüse
l'insalata	der Salat
la lattuga	der Kopfsalat
la valeriana	der Feldsalat
la bieta/bietola	der Mangold
la barbabietola rossa	die rote Beete
la verza	der Wirsing
il carciofo/i carciofi	die Artischocke/die Artischocken
la zucca/le zucche	der Kürbis/die Kürbisse
il pomodoro/i pomodori	die Tomate/die Tomaten
l'aglio	der Knoblauch

la cipolla	die Zwiebel
gli asparagi	der Spargel
la patata/le patate	die Kartoffel/die Kartoffeln

Gli aggettivi dimostrativi *questo* e *quello* e l'aggettivo *bello* (Die Demonstrativpronomen *dieser* und *jener* und das Adjektiv *schön*)

Befindet sich etwas oder jemand **direkt in der Nähe** des Sprechers, werden die Adjektive *questo/questa* (Singular) und *queste/questi* (Plural) verwendet (dieser/diese/dieses).

quest**o** libr**o**	dieses Buch
quest**i** libr**i**	diese Bücher
quest**o** stadi**o**	dieses Stadion
questi stadi	diese Stadien
quest**'a**lber**o**	dieser Baum
questi alberi	diese Bäume
quest**a** chiave	dieser Schlüssel
queste chiavi	diese Schlüssel
quest**'u**va	diese Traube
quest**e** uv**e**	diese Trauben

Befindet sich etwas oder jemand **weiter weg** vom Sprecher, werden die Adjektive *quello/quella* (Singular) und *quelli/quelle* (Plural) verwendet (jenes/jene).

(que*il) **quel** libro	jenes Buch
(que*i) **quei** libri	jene Bücher
(que*lo) **quello** stadio	jenes Stadion
(que*gli) **quegli** stadi	jene Stadien
(que*l') **quell'a**lbero	jener Baum
(que*gli) **quegli** alberi	jene Bäume

(que*la) **quella** chiave	jener Schlüssel
(que*le) **quelle** chiavi	jene Schlüssel
(que*l') **quell'u**va	jene Traube
(que*le) **quelle** uve	jene Trauben

Wenn *quest-* und *quell-* als **Pronomen** (also ohne Nomen) verwendet werden, behält *quell-* die **ursprüngliche Form** (*quello, quelli, quella, quelle*).

- Non mi piacciono quegli stivali, preferisco **quelli** (quegli stivali).	- Ich mag die Stiefel nicht, ich ziehe **jene** vor.
- Compri quest'orologio o **quello** lì? (quell'orologio)	- Kaufst du diese Uhr oder **jene** da?
- Preferisco **quello**!	- Ich nehme lieber **jene**!

Wenn das **Adjektiv** *bello* **vor dem Nomen** steht, folgt es den gleichen Regeln wie *quell-*:

be***il** bambino > **bel** bambino	schönes Kind
be***i** bambini > **bei** bambini	schöne Kinder
be*lo zaino>**bello** zaino	schöner Rucksack
be***gli** zaini>**begli** zaini	schöne Rucksäcke
be***l'**albergo>**bell'**albergo	schönes Hotel
be***gli** alberghi>**begli** alberghi	schöne Hotels
be*la casa>**bella** casa	schönes Haus
be*le case>**belle** case	schöne Häuser
be***l'**estate>**bell'**estate	schöner Sommer
be*le estati>**belle** estati	schöne Sommer

1. Aggiungi *questo* o *quello.* | Ergänze mit *questo* oder *quello.*

Quest-	Quell-
▪ ____________ oggetto	▪ ____________ oggetto
▪ ____________ amici	▪ ____________ amici
▪ ____________ zaini	▪ ____________ zaini
▪ ____________ bicchiere	▪ ____________ bicchiere
▪ ____________ jogurt	▪ ____________ jogurt
▪ ____________ studenti	▪ ____________ studenti
▪ ____________ studentesse	▪ ____________ studentesse
▪ ____________ fiore	▪ ____________ fiore
▪ ____________ cucchiaio	▪ ____________ cucchiaio
▪ ____________ bottiglia	▪ ____________ bottiglia
▪ ____________ professore	▪ ____________ professore
▪ ____________ maglione	▪ ____________ maglione
▪ ____________ occhiali	▪ ____________ occhiali
▪ ____________ acqua	▪ ____________ acqua
▪ ____________ grattacieli	▪ ____________ grattacieli

2. Aggiungi la forma giusta di *bello.* | Setze die richtige Form von *bello* ein.

a. Guarda che ____________ bambino! Che ____________ occhi ha!
b. Oggi hai un ____________ cappotto! E anche ____________ stivali.
c. Quella ____________ casa ha un ____________ giardino sul retro.
d. Nel parco giocano tanti ____________ bambini e ci sono molti ____________ scoiattoli.
e. Quell'azalea ha tanti ____________ fiori. E che ____________ colori!

09 Con gli amici | Bei Freunden

Pia e Leo hanno telefonato agli amici. Oggi vanno a mangiare da loro. Prendono l'autobus e arrivano a Fiesole. Si incontrano alla fermata e vanno a casa.

Pia und Leo haben ihre Freunde angerufen. Heute werden sie bei ihnen zu Hause essen. Sie nehmen den Bus und kommen in Fiesole an. Sie treffen sich an der Bushaltestelle und fahren nach Hause.

Pia:	Perché non abitate più a Firenze? È una bellissima città.	Warum wohnt ihr nicht mehr in Florenz? Es ist eine wunderschöne Stadt.
Anna:	È vero ma c'è molto traffico, preferiamo vivere qui.	Stimmt! Aber es gibt viel Verkehr. Wir leben lieber hier.
Leo:	Ma non è un po' noioso? Forse anche un po' scomodo per andare al lavoro.	Ist es nicht ein bisschen langweilig? Vielleicht ist es auch etwas umständlich für den Arbeitsweg.
Luca:	Per niente! Ogni giorno in poco più di mezz'ora siamo al lavoro. Poi il fine settimana io **mi alzo** un po' più tardi, mentre Anna **si sveglia** prima. **Ci prepariamo**, facciamo colazione e andiamo a fare una bella passeggiata. E **ci**	Gar nicht! Jeden Tag sind wir in etwas mehr als einer halben Stunde bei der Arbeit. Am Wochenende **stehe ich** etwas später **auf**, wohingegen Anna früher **aufwacht**. **Wir machen uns fertig**, frühstücken und machen einen schönen

	godiamo una fantastica vista su Firenze.	Spaziergang. Dazu **genießen wir** einen wunderschönen Blick über Florenz.
Anna:	È vero! È una cittadina a misura d'uomo. E se vogliamo **divertirci** un po' siamo vicinissimi alla città. È stata una buona decisione.	Stimmt! Es ist ein lebenswertes Städtchen. Und wenn **wir ein bisschen Unterhaltung** wollen, sind wir sehr nah an der Stadt. Es war eine gute Entscheidung.
Leo:	Infatti con l'autobus è stato facilissimo.	In der Tat ist es mit dem Bus sehr einfach gewesen.
Pia:	La casa mi piace molto. Il salotto dà sul giardino ed è molto luminoso. La camera da letto è spaziosa come il salotto?	Das Haus gefällt mir sehr. Das Wohnzimmer mit Blick auf den Garten ist sehr hell. Ist das Schlafzimmer genauso geräumig wie das Wohnzimmer?
Anna:	Vuoi vederla? È qui, a destra. Prego!	Magst du es sehen? Es ist hier, rechts. Bitte!
Pia:	Molto bella! Guarda, Leo! L'armadio è come piace a noi, in legno chiaro e molto grande.	Sehr schön! Schau mal, Leo. Der Kleiderschrank ist so, wie es uns gefällt, aus hellem Holz und sehr groß.
Anna:	Venite, andiamo in cucina! Dove volete sedervi? Prego!	Kommt, lasst uns in die Küche gehen! Wo wollt ihr euch hinsetzen? Bitte!
Pia:	Che bella tavola! E che buon profumo!	Was für ein schöner Tisch! Und was für ein Duft!
Anna:	La cucina è il regno di Luca! Ha cucinato tutto lui!	Die Küche ist Lucas Reich! Er hat alles zubereitet!

Vero o falso? (Richtig oder falsch?)

- Gli amici hanno invitato Pia e Leo.
- Anna si alza tardi ogni giorno.
- La casa non piace a Pia.
- Il salotto è spazioso.
- A Luca piace cucinare.

Vero, falso, falso, vero, vero

Fiesole

È una cittadina **a circa dieci chilometri** da Firenze.	Fiesole ist eine kleine Stadt, **etwa zehn Kilometer** von Florenz entfernt.
È sicuramente **meno conosciuta** di Firenze ma merita di essere visitata. È circondata **da imponenti mura di origine etrusca**, ci sono i resti di antiche terme romane e un anfiteatro romano, dove si svolge l'Estate Fiesolana, una rassegna di concerti di musica classica e contemporanea e spettacoli di teatro.	Sie ist sicherlich **weniger bekannt** als Florenz, aber einen Besuch wert. Sie ist **von imposanten Mauern etruskischen Ursprungs** umgeben, es gibt Überreste von alten römischen Thermen und ein römisches Amphitheater, in dem *l'Estate Fiesolana*, ein Festival für klassische und zeitgenössische Musik, sowie Theateraufführungen stattfinden.
Fiesole **ci ricorda anche** Leonardo da Vinci che, dalla vetta della collina, ha fatto i primi esperimenti sul volo. La collina su cui sorge la cittadina si alza per 295 metri sopra Firenze; da lì si gode di un fantastico panorama sulla città.	Fiesole **erinnert uns auch** an Leonardo da Vinci, der vom Gipfel des Hügels aus die ersten Flugexperimente gemacht hat. Der Hügel, auf dem die Stadt steht, erhebt sich 295 Meter über Florenz; von dort aus kann man einen fantastischen Blick auf die Stadt genießen.
Se siete a Firenze, Fiesole merita una visita! Si raggiunge facilmente in macchina o in autobus e, perché no, anche a piedi.	Wenn Sie in Florenz sind, ist Fiesole einen Besuch wert! Es ist leicht mit dem Auto oder dem Bus zu erreichen und, warum nicht, auch zu Fuß.

Vocabolario (Vokabeln)

Italienisch	Deutsch
La casa... ...è il luogo dove si vive, indipendentemente dalla tipologia.	Das Zuhause,... ...unabhängig von der Art (Haus, Wohnung, etc.).
di proprietà	Eigentum
in affitto	zur Miete
l'appartamento	die Wohnung
al piano terra	im Erdgeschoss
al primo, secondo, terzo... piano	im ersten, zweiten, dritten...Stock
l'ascensore	der Aufzug
le scale	die Treppe/das Treppenhaus
la villetta a schiera	das Reihenhaus
la casa indipendente/singola	das freistehende Haus
la porta	die Tür
lo zerbino	die Fußmatte
la stanza/le stanze	das Zimmer/die Zimmer
la cucina	die Küche
il bagno	das Badezimmer
la camera da letto	das Schlafzimmer
il salotto	das Wohnzimmer
i mobili	die Möbel
in cucina:...	*in der Küche:*
...il tavolo	...der Tisch
...la sedia/le sedie	...der Stuhl/die Stühle
...la cucina componibile	...die Einbauküche
...l'armadietto/gli armadietti	...das/die Schränkchen
...il cassetto/i cassetti	...die Schublade/die Schubladen

...il piano cottura, il forno	...das Kochfeld, der Ofen
...il lavello	...die Spüle
...il frigorifero	...der Kühlschrank
...il microonde	...die Mikrowelle
in bagno:	*im Badezimmer:*
...la toilette / il gabinetto	...die Toilette/das WC
...il bidet	...das Bidet
...il lavabo/il lavandino	...das Waschbecken
...la vasca da bagno	...die Badewanne
...la cabina doccia / la doccia	...die Duschkabine / die Dusche
...lo specchio	...der Spiegel
in camera da letto:	*im Schlafzimmer:*
...il letto (le lenzuola, la coperta, il cuscino)	...das Bett (das Bettlaken, die Decke, das Kissen)
...il comodino, i comodini	...der Nachttisch/die Nachttische
...l'armadio	...der Kleiderschrank
...il comò/il cassettone	...die Kommode
in salotto:	*im Wohnzimmer:*
...il divano	...das Sofa
...la poltrona	...der Sessel
...il televisore	...der Fernseher
...la libreria	...das Bücherregal
...il portone	...die Haustür
il campanello	...die Türklingel
la cassetta della posta	der Briefkasten
il giardino	der Garten
il cancello	das Tor
il vialetto	der Weg

Veri riflessivi (Reflexive Verben)

Reflexive Verben weisen auf Handlungen hin, die **das Subjekt an seinem Körper, mit seinem eigenen Willen** ausführt. Einige Verben sind in Italienisch reflexiv, aber im Deutschen nicht.

La mamma **lava** il bambino. Die Mutter **wäscht** den Jungen.
Subjekt **Objekt**

Il bambino **si lava**. Das Kind **wäscht** sich.
Subjekt (ohne Objekt)

La mamma **sveglia** la bambina. Die Mutter **weckt** das Mädchen.
Subjekt **Objekt**

La bambina **si sveglia**. Das Mädchen **wacht auf.**
Subjekt (ohne Objekt)

Einige reflexive Verben:

svegliarsi (aufwachen)	**alzarsi** (aufstehen)	**lavarsi** (sich waschen)
mi sveglio	mi alzo	mi lavo
ti svegli	ti alzi	ti lavi
si sveglia	si alza	si lava
ci svegliamo	ci alziamo	ci laviamo
vi svegliate	vi alzate	vi lavate
si svegliano	si alzano	si lavano

vestirsi (sich anziehen)	**truccarsi** (sich schminken)	**addormentarsi** (einschlafen)
mi vesto	mi trucco	mi addormento
ti vesti	ti trucchi	ti addormenti
si veste	si trucca	si addormenta
ci vestiamo	ci trucchiamo	ci addormentiamo
vi vestite	vi truccate	vi addormentate
si vestono	si truccano	si addormentano

Attività | Übungen

1. Coniuga i verbi. | Konjugiere die Verben.

Marco e Paolo (essere) ______________ due fratelli. (abitare) ______________ a Firenze, Marco da solo, Paolo in un appartamento condiviso con la sua ragazza. Ogni mattina Marco (alzarsi) ______________ molto presto perché (lavorare) ___________ fuori città. Paolo (svegliarsi) ______________ più tardi. Lui e la sua ragazza (andare) ______________ all'Università e (frequentare) ______________ l'ultimo anno. Marco (farsi) ______________ la doccia. Poi (mettersi) ______________ l'accappatoio e (asciugarsi) ______________ i capelli. (vestirsi) ______________ dopo colazione. Poi (scappare) ______________ subito perché (essere) ______________tardi. Oggi Paolo e la sua ragazza (avere) ______________ un esame molto importante perché (essere) ___________ l'ultimo. Tutti e due (essere) ______________ molto nervosi. Loro (prepararsi) ______________ e la ragazza (chiedere) ______________ a Paolo: „Come (sentirsi) ______________?" Paolo (rispondere) ______________ : „Non lo (sapere) ______________ E tu?!" „Io (essere) ______________ sicura che noi (superare) ______________ l'esame!" Quindi (abbracciarsi) ______________ e (andare) ______________ all'Università, dove (incontrarsi)______________ con gli altri studenti. In bocca al lupo!

2. Riflessivo o non riflessivo? | Reflexiv oder nicht?

a. Come □ chiamano □ si chiamano i tuoi genitori?
b. Lo studente □ si alza □ alza la mano perché sa la risposta.
c. Tutte le mattine □ mi incontro □ incontro quel signore per strada.
d. Noi □ ci alziamo □ alziamo sempre molto presto.
e. Stasera □ mi chiamo □ chiamo Filippo.
f. Mio marito □ si fa □ fa la barba ogni due giorni.
g. Ha la febbre, non □ sente □ si sente bene.
h. Quando □ vi incontrate □ incontrate?
i. A che ora □ si vedono □ vedono Paolo e Luca?
j. Quando è freddo □ mi metto □ metto il cappotto.

10 A Pisa | In Pisa

Dopo una bellissima giornata insieme, Luca ha accompagnato gli amici all'appartamento. La mattina dopo ritorna con Anna, portano gli amici **a** fare colazione, poi partono tutti per Pisa, dove arrivano verso le 11:00.

Nach einem gemeinsamen wunderschönen Tag hat Luca die Freunde nach Florenz zur Ferienwohnung gebracht. Am nächsten Morgen kommt er mit Anna wieder, sie nehmen die Freunde zum Frühstück mit und dann fahren sie alle nach Pisa, wo sie gegen 11 Uhr ankommen.

Luca:	Un parcheggio è proprio dietro la Torre. **In** un giorno feriale, quando la maggior parte delle persone è occupata, c'è sicuramente posto. Preferisco parcheggiare, **in** centro c'è molto traffico.	Ein Parkplatz befindet sich gleich hinter dem Turm. **An** einem Tag, an dem die meisten arbeiten, gibt es sicherlich freie Plätze. Ich parke lieber hier, **im** Zentrum ist viel Verkehr.
Anna:	Sì, c'è posto. Il semaforo è verde.	Ja, es gibt freie Plätze. Die Ampel ist grün.
Luca si avvicina alla sbarra, ritira il biglietto, la sbarra si alza e possono entrare.		*Luca nähert sich der Schranke, zieht das Ticket und sie dürfen einfahren.*
Leo:	Non capisco però **da** dove si esce…	Ich verstehe aber nicht, **von** wo man ausfährt…

Luca:	L'uscita è **dall'**altra parte. Prima **di** uscire paghiamo alla biglietteria automatica e ritiriamo il biglietto con i dati di pagamento, all'uscita inseriamo il biglietto nella colonnina e via. Hai capito?	Die Ausfahrt ist **auf der** anderen Seite. Vor **dem** Hinausfahren zahlen wir am Automaten und ziehen das Ticket mit den Zahlungsdaten; an der Ausfahrt führen wir das Ticket dann ein und fahren los. Hast du verstanden?
Leo:	Adesso sì. Ecco una macchina che esce, proprio alla nostra sinistra.	Jetzt ja! Da ist ein Auto, das hinausfährt, direkt zu unserer Linken.
Pia:	Vorrei salire sulla Torre, è possibile?	Ich würde gern auf den Turm steigen, ist das möglich?
Anna:	Certo! **Dall'altra parte della strada** c'è la biglietteria. Compriamo i biglietti anche per il Battistero, il Duomo e il Campo Santo monumentale.	Sicher! **Auf der gegenüberliegenden Straßenseite** ist die Kasse. Wir kaufen auch Tickets für die Taufkapelle, den Dom und den monumentalen Campo Santo.
Pia:	Campo santo? Cos'è?	Campo Santo? Was ist das?
Anna:	È un cimitero storico monumentale, proprio **a** lato di Piazza **del** Duomo.	Das ist ein historischer, monumentaler Friedhof, gleich **an** der Seite des Domplatzes.
Leo:	Ma non si chiama Piazza **dei** Miracoli?	Aber heißt er nicht *Platz* ***der*** *Wunder?*
Luca:	In realtà è Piazza del Duomo ma lo scrittore Gabriele D'Annunzio **in** un suo libro l'ha chiamata prato **dei** Miracoli, **da** qui il nome.	Eigentlich ist das der Domplatz, aber der Schriftsteller Gabriele D'Annunzio hat ihn **in** einem seiner Bücher *Wiese* ***der*** *Wunder* genannt. **Daher** der Name.

Leo:	Prendi tu i biglietti? Poi ti restituisco i soldi, vorremmo pagare noi.	Holst du die Tickets? Dann gebe ich dir das Geld, wir würden gern bezahlen.
Luca:	Offri il pranzo!	Du lädst zum Mittagessen ein!
Pia:	Mi incuriosisce molto salire sulla Torre. È il mio sogno **da** quando ero bambina.	Ich bin gespannt darauf, auf den Turm zu steigen. Das ist mein Traum, **seit** ich ein Kind war.
Leo:	Mi colpiscono i colori **della** piazza, il bianco complesso architettonico e il verde del prato. È strana una piazza con l'erba.	Ich bin beeindruckt von den Farben **des** Platzes, das Weiß des architektonischen Komplexes und das Grün der Wiese. So ein Platz mit Gras ist seltsam.
Pia:	È veramente un miracolo!	Es ist wirklich ein Wunder.

Vero o falso? (Richtig oder falsch?)

- Vanno a Pisa in un giorno feriale.
- Nel parcheggio non trovano posto.
- Non è possibile salire sulla torre.
- Leo offre il pranzo.
- Sulla piazza c'è l'erba.

Vero, falso, falso, vero, vero

Piazza dei Miracoli

Piazza dei Miracoli è **senza dubbio** il luogo più conosciuto e visitato di Pisa. Più che una piazza è un vero e proprio **complesso monumentale** composto da **quattro edifici**: - Il Battistero - Il Duomo (Cattedrale di Santa Maria Assunta) - Il campanile - Il Campo Santo (monumentale) Ognuno di questi monumenti ha un valore simbolico. Il **Battistero** simbolizza la nascita, la Cattedrale la vita e il Camposanto la morte. Ma perché c'è un prato in una piazza? Perché quella piazza doveva essere un **punto d'incontro della vita civica e di quella religiosa**, senza il rigore dei luoghi di culto. La **Torre pendente** è in realtà un campanile ed è inclinata perché costruita su un terreno argilloso, dove anticamente scorreva il fiume Auser. Nel 2001 sono terminati i lavori di consolidamento che hanno messo in sicurezza la torre. **Al suo interno** ci sono **sette campane**, tante quante le note musicali. Tutte hanno un nome e anticamente avevano funzioni diverse e suonavano in momenti	Piazza dei Miracoli ist **zweifellos** der bekannteste und beliebteste Ort in Pisa. Es ist mehr als ein Platz, es handelt sich um einen **Monumentalkomplex**, der aus **vier Gebäuden** besteht: - der Taufkapelle - dem Dom (Santa Maria Assunta Kathedrale) - dem Glockenturm - dem monumentalen Friedhof Jedes dieser Denkmäler hat Symbolcharakter. Die **Taufkapelle** symbolisiert die Geburt, die Kathedrale das Leben und der Campo Santo den Tod. Aber warum gibt es eine Wiese auf einem Platz? Weil dieser Platz ein **Treffpunkt des bürgerlichen und religiösen Lebens** sein sollte, ohne die Strenge der Kultstätten. Der **schiefe Turm** ist eigentlich ein Glockenturm und er ist geneigt, weil er auf lehmigem Boden gebaut wurde, wo früher der Fluss Auser floss. 2001 wurden die Konsolidierungsarbeiten abgeschlossen, die den Turm sichern. **Im Inneren** befinden sich **sieben Glocken**, so viele wie die Musiknoten. Alle tragen einen Namen und hatten früher unterschiedliche

della giornata e in periodi dell'anno differenti. Il ***Campo Santo*** non è solo un cimitero ma un vero e proprio museo a cielo aperto, con affreschi e strutture architettoniche.	Funktionen und spielten zu verschiedenen Tages-und Jahreszeiten. Der ***Campo Santo*** (Friedhof) ist nicht nur ein Friedhof, sondern ein echtes Freilichtmuseum mit Fresken und architektonischen Strukturen.

Frasi quotidiane con avverbi di luogo – preposizioni semplici e articolate (Alltagssätze mit Lokaladverbien – einfache Präpositionen und Präpositionen mit Artikel)

qui/qua – lì/là – di – a – da – in

- Scusi, dov'è un parcheggio? - È proprio **qui** davanti.	- Entschuldigen Sie, wo ist ein Parkplatz? - Er ist genau hier vorne.
- Accidenti, dove sono i miei occhiali? Eppure erano **qua**… ah, eccoli **qui**!	- Verdammt! Wo ist meine Brille? Sie war doch hier… Hier ist sie!
- Dove sono le chiavi? - Sono sul tavolo, lì **nell'angolo.**	- Wo ist der Schlüssel? - Der ist auf dem Tisch, dort in der Ecke.
- Dov'è una farmacia? - È **là**, a 100 metri.	- Wo ist eine Apotheke? - Sie ist dort, 100 Meter entfernt.
- Dov'è un distributore? - Uno è **laggiù**, a circa 400 metri	- Wo ist eine Tankstelle? - Eine ist dadrüben, etwa 400 Meter entfernt.
- **Da quanto** tempo? **Da** quando?	- **Seit wann**?

- **Da** due ore, **da** ieri, **da** lunedì...	- **Seit** zwei Stunden, gestern, Montag...
- Dove andiamo? - Andiamo **in** Italia. (Auch: **in** ufficio, **in** cucina)	- **Wo gehen wir hin/Wohin gehen wir**? (Ort, Land) - Wir fahren nach Italien. (Auch: ins Büro, in die Küche)
- **Come** ci si arriva? - **In** treno, **in** bicicletta, **in** autobus, **in** aereo...	- **Wie** kommt man dorthin? - Mit dem Zug, mit dem Fahrrad, mit dem Bus, mit dem Flugzeug...
- **Di** chi è quella borsa? - È **di** mia sorella, **di** Maria.	- **Wem** gehört die Tasche? (Von wem ist die Tasche?) - Sie gehört meiner Schwester Maria.
- **Di** dove sei? (Origine) - Sono **di** Milano, **di** un paese vicino...	- **Woher** kommst du? (Wo kommst du her?) - Ich komme aus Mailand, aus einem Dorf dort in der Nähe...
- **Di** che materiale? - È **di** pelle, **di** lana, **di** seta, **di** lino, **d'**acciaio, **di** ferro, **di** vetro...	- **Aus** welchem Material? - Es ist **aus** Leder, Wolle, Seide, Leinen, Stahl, Eisen, Glas...
- **Dove** andate? - Andiamo **a** casa, **a** Firenze, **a** teatro, **al** bar, **al** ristorante, **al** cinema...	- **Wo** geht/fahrt/fliegt ihr hin? - Wir gehen nach Hause/ Florenz, ins Theater, ins Café/Restaurant/ Kino...
- **Dove** sono gli amici? - Sono **a** casa, **a** Milano, **a** teatro, **al** bar, **al** ristorante, **alla** partita...	- **Wo** sind die Freunde? - Sie sind zu Hause, in Mailand, im Theater/Café/Restaurant, beim Spiel...
- **A chi** dai il libro? A chi scrivi?	- Wem (an wen) gibst du das Buch? Wem schreibst du?

- **Al** bambino, **a** Paolo, **a** tuo fratello…
- Dem Kind, (an) Paolo, deinem Bruder…

- **Da dove** arriva?
- L'aereo arriva **da** Londra.
- Woher kommt es?
- Das Flugzeug kommt aus London.

- **Da chi** vai? **Da chi** sei?
- Vado **da** Maria/sono **da** Mario, **dal** dottore, **dall'**amico…
- Zu wem gehst du? Bei wem bist du? Ich gehe zu Mario/ ich bin bei Mario, zum/beim Arzt, zum/beim Freund.

Vocabolario (Vokabeln)

Italienisch	Deutsch
in macchina	mit dem Auto
il semaforo	die Ampel
rosso	rot
giallo	gelb
verde	grün
l'incrocio	die Kreuzung
all'incrocio	an der Kreuzung
svoltare a destra/a sinistra	rechts/links abbiegen
andare a diritto	geradeaus fahren
la pista ciclabile	der Fahrradweg
il cartello stradale	das Straßenschild
il limite di velocità	die Geschwindigkeitsbegrenzung
il senso unico	die Einbahnstraße
la deviazione	die Umleitung

il divieto di sosta	das Parkverbot
il parcheggio	der Parkplatz
custodito	bewacht
non custodito	unbewacht
il passo carrabile	die Einfahrt
la polizia stradale	die Verkehrspolizei
il vigile (urbano)	der Stadtpolizist
la multa	die Geldstrafe
la rimozione	Abschleppen
il carro attrezzi	das Abschleppfahrzeug
i costi di rimozione	die Abschleppkosten
a piedi	zu Fuß
il marciapiede	der Bürgersteig
attraversare la strada	die Straße überqueren
il semaforo pedonale	die Fußgängerampel
attraversare al semaforo	an der Ampel überqueren
le strisce pedonali	der Zebrastreifen
attraversare sulle strisce	auf dem Zebrastreifen überqueren
la zona pedonale	die Fußgängerzone
all'angolo	an der Ecke
in fondo alla strada	am Ende der Straße
la prima/seconda strada a destra/sinistra	die erste/zweite Straße rechts/links
la fermata dell'autobus/del tram	die Bushaltestelle/ die Tramhaltestelle
la stazione della metro(politana)	die U-Bahn-Station
la stazione	der Bahnhof

Avverbi di luogo – preposizioni semplici e articolate (Lokaladverbien – Einfache Präpositionen und Präpositionen mit Artikel)

***Qui/qua, questo* (hier):**

- *qui* verweist auf einen **bestimmten Ort in der Nähe** des Sprechers.
- *qua* verweist auf einen **unbestimmteren Ort in der Nähe** des Sprechers.

***Lì/là, quello* (dort/da):**

- *lì* zeigt **einen Ort an, der relativ weit entfernt ist**, sich aber immer noch in dem Bereich befindet, wo der Sprecher und der Zuhörer sind.
- *là* zeigt **einen Ort an, sich schon außerhalb des obengenannten Bereichs befindet, jedoch nicht so weit davon entfernt** ist.

***Laggiù, quello* (dadrüben/dahinten)**

- *laggiù* zeigt **einen Ort an, den ich in der Ferne sehe** oder von dem ich weiß, dass er existiert, den ich aber gerade nicht sehe (dort unten, dahinten).

Im Italienischen können die Präpositionen ***di, a, da, in*** und ***su*** (vgl. Kapitel 11) mit dem bestimmten Artikel **kombiniert** werden.

	maschile (männlich)					**femminile (weiblich)**		
	il	**lo**	**l'**	**i**	**gli**	**la**	**l'**	**le**
di	del	dello	dell'	dei	degli	della	dell'	delle
a	al	allo	all'	ai	agli	alla	all'	alle
da	dal	dallo	dall'	dai	dagli	dalla	dall'	dalle
in	**nel**	**nello**	**nell'**	**nei**	**negli**	**nella**	**nell'**	**nelle**

Attività | Übungen

1. Preposizioni semplici o articolate? | Einfache Präposition oder Präposition mit Artikel?

a. **Di chi è quella bicicletta?**
È _____ bambino. È _____ Giacomo.

b. **A chi scrivi una lettera?**
La scrivo _____ Lucia e Carlo. La scrivo _____ amici.

c. **Da chi vanno?**
Vanno _____ Angela. Vanno _____ zia di Angela.

d. **In quale negozio compri la frutta?**
La compro _____ negozio qui vicino. La compro _____ centro.

2. Scegli la preposizione giusta. | Wähle die richtige Präposition.

a. Tim è _____ Berlino, ma abita _____ Monaco.
□ a, di
□ di, a

b. Diamo i nostri compiti _____ insegnante ____ matematica.
□ all‘, di
□ all‘, della

c. I nostri amici non abitano _____ una grande città ma _____ un piccolo paese.
□ nella, a
□ in, in

d. La bottiglia _____ vino è _____ cucina.
□ di, in
□ di, a

e. La macchina _____ quella ragazza è _____ garage.
□ di, dal
□ di, in

f. _____ giardino ci sono i fiori ____ Luisa.
□ nel, della
□ nel, di

g. Il bambino è _____ ristorante, seduto _____ tavolo.
□ al, al
□ al, da

h. Ieri ho mangiato un pezzo _____ pizza _____ prosciutto.
- □ della, di
- □ di, al

3. Completa le frasi con *qui - qua/lì - là/laggiù*. | Vervollständige die Saätze mit *qui - qua/lì - là/laggiù*.

a. Questa penna _____ non scrive bene, prendo quella _____ sul tavolo.
b. (Alla finestra, al piano terra) Guarda quella signora _____ nel parco, cosa fa?
c. Ma dov'è il mio portafoglio…. era _____ sul tavolo ….
d. Vede quel semaforo _____, a circa 400 metri? _____ deve girare a destra.
e. Mi passi quel libro _____ vicino a te?

11 In autostrada verso Firenze | Auf der Autobahn in Richtung Florenz

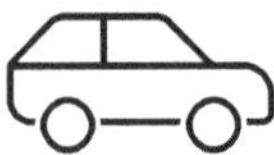

I quattro amici hanno visitato Pisa e nel pomeriggio sono partiti per Firenze. Alla sosta all'autogrill decidono di andare a Lucca. Escono dall'autostrada e parcheggiano fuori dalle mura che circondano la città storica. Adesso sono sulle mura e fanno una passeggiata mentre mangiano un gelato.

Die vier Freunde haben Pisa besichtigt und sind am Nachmittag in Richtung Florenz gestartet. Beim Halt am Autogrill beschließen sie, nach Lucca zu fahren. Sie verlassen die Autobahn und parken außerhalb der Mauern, welche die Altstadt umgeben. Jetzt spazieren sie auf den Mauern, während sie ein Eis essen.

Anna:	Ci sediamo sulla panchina **fra** quegli alberi?	Setzen wir uns auf die Bank **zwischen** den Bäumen?
Leo:	Luca e io continuiamo a passeggiare, se volete potete sedervi voi.	Luca und ich wollen weiter spazieren. Wenn ihr wollt, könnt ihr euch hinsetzen.
Pia:	Anna e io vi aspettiamo qui, intanto chiacchieriamo un po'.	Anna und ich warten hier auf euch, in der Zeit unterhalten wir uns ein bisschen.
	Leo si allontana ***con*** *Luca.*	*Leo geht* ***mit*** *Luca weg.*
Anna:	Allora Pia, cosa mi dici di Pisa?	Na Pia, was sagst du zu Pisa?

Pia:	Bellissima! Piazza dei Miracoli è un gioiello. Ma anche il Lungarno **con** quella chiesetta bianca… come si chiama?	Wunderschön! Die Piazza dei Miracoli ist ein Juwel. Aber auch der Lungarno **mit** der weißen kleinen Kirche… Wie heißt sie nochmal?
Anna:	Santa Maria della Spina. È molto particolare perché si trova proprio **sulla** spalletta del fiume. Mi piace molto anche Lucca, ci veniamo spesso con amici **per** fare una passeggiata in centro.	Santa Maria della Spina. Sie ist außergwöhnlich, weil sie sich direkt **am** Ufer des Flusses befindet. Ich mag Lucca auch sehr, wir kommen oft mit Freunden her, **um** durch das Zentrum zu spazieren.
Pia:	Ecco Luca e Leo che ritornano.	Luca und Leo kommen zurück.
I due si avvicinano.		*Die beiden nähern sich.*
Luca:	Perché non rimaniamo a cena qui? Possiamo andare nella nostra solita pizzeria. È qui vicino. Mangiamo e poi torniamo a Firenze.	Warum bleiben wir nicht zum Abendessen hier? Wir können zur Pizzeria gehen, in die wir immer gehen. Sie ist hier in der Nähe. Wir essen und fahren dann nach Florenz zurück.
Leo:	Buona idea, voi che ne dite?	Gute Idee. Was sagt ihr dazu?
Anna:	È la nostra pizzeria preferita, è piccola ma fanno delle pizze buonissime. Conosciamo il pizzaiolo, sicuramente ci preparerà una pizza speciale, **per** festeggiare questa bella giornata insieme.	Das ist unsere Lieblingspizzeria, sie ist klein, aber die Pizza ist sehr lecker. Wir kennen den Pizzabäcker, er wird für uns bestimmt eine besondere Pizza zubereiten, **um** diesen schönen Tag zusammen zu feiern.
Pia:	Allora andiamo, io ho molta fame, voi?	Also lasst uns gehen, ich habe großen Hunger, und ihr?

Vero o falso? (Richtig oder falsch?)

- Si fermano a Lucca.
- Leo e Luca si siedono su una panchina.
- La piccola chiesa è a Lucca.
- Anna va spesso a Lucca.
- Mangiano in una pizzeria a Firenze.

Vero, falso, falso, vero, falso

Autogrill

L'Autogrill è **un'area di sosta** sulle autostrade italiane. **L'idea iniziale** è di Mario Pavesi, un imprenditore del settore alimentare, che per pubblicizzare i suoi prodotti apre un punto di ristoro al casello di Novara.	Ein Autogrill ist ein **Rastplatz** auf italienischen Autobahnen. **Die ursprüngliche Idee** stammt von Mario Pavesi, einem Lebensmittelhändler, der eine Verpflegungsstelle an der Mautstelle in Novara eröffnet, um für seine Produkte zu werben.
Alemagna e Motta **ne seguono l'esempio** e nel 1977 le tre aziende concorrenti si uniscono e creano la società Autogrill S.p.A. (Società per Azioni). All'Autogrill naturalmente è possibile mangiare, fare acquisti, mettere benzina, ma ci sono alcuni Autogrill con docce, utili per gli autotrasportatori o per chi fa lunghi viaggi. La Società si trova anche all'interno di aeroporti e stazioni ferroviarie.	Alemagna und Motta **folgen diesem Beispiel** und 1977 schließen sich die drei konkurrierenden Unternehmen zusammen und gründen die Gesellschaft Autogrill AG (Aktiengesellschaft). Beim Autogrill kann man natürlich essen, einkaufen und tanken, aber es gibt auch einige Autogrills mit Duschen, die für LKW-Fahrer oder auf Langstreckenfahrten nützlich sind. Filialen des Unternehmens findet man auch in Flughäfen und an Bahnhöfen.

Frasi quotidiane (Alltagssätze)

- Facciamo una sosta all'autogrill? - Sì, così possiamo rinfrescarci un po' e mettere benzina.	- Machen wir einen Zwischenstopp am Autogrill? - Ja, so können wir uns ein bisschen erfrischen und tanken.
- Rallenta! Sulle autostrade italiane c'è il limite di velocità - A quanto è il limite? - 130 chilometri orari.	- Fahr langsamer! Auf italienischen Autobahnen gibt es eine Geschwindigkeitsbegrenzung. - Was ist das Tempolimit? - 130 Kilometer pro Stunde.
- Abbiamo una gomma a terra. Dobbiamo fermarci sulla corsia d'emergenza.	- Wir haben eine Reifenpanne. Wir müssen auf der Standspur halten.

Frasi quotidiane con preposizioni semplici e articolate

(Alltagssätze mit einfachen Präpositionen und Präpositionen mit Artikel)

con – su – per – tra/fra

- **Con** chi esci? - Esco **con** Sara. È sposata **con** Andrea.	- **Mit** wem gehst du aus? - Ich gehe **mit** Sara aus. Sie ist **mit** Andrea verheiratet.
- **Con** che cosa leggi? - Leggo **con** questi occhiali.	- **Womit** liest du? - Ich lese **mit** dieser Brille
- **Con** che cosa vai? - Vado **con** un treno diretto.	- **Womit** fährst du? - Ich fahre **mit** einem Direktzug.
- **Dov`è** il gatto? (superficie) - Il gatto è **sul** letto.	- Wo ist die Katze? (Oberfläche) - Die Katze liegt **auf** dem Bett.
- **Dov'è** l'albergo? - L'albergo è **sul** mare (si vede il mare).	- Wo ist das Hotel? - Das Hotel ist **am** Meer (man sieht das Meer).
- Che cosa fanno (movimento verso l'alto)? - Il gatto salta **sul** divano. - Il bambino sale **sull'**albero.	- Was machen sie (Bewegung nach oben)? - Die Katze springt **auf** das Sofa. - Das Kind klettert **auf** den Baum.
- Che tipo di conferenza è? - Una conferenza **su** Goethe.	- Welche Art von Konferenz ist das? - Eine Konferenz **über** Goethe.

- **Per quale motivo** studi? - Studio molto **per** migliorare.	- Aus welchem Grund lernst du? - Ich lerne viel, **um** besser zu werden.
- **Per**ché compri la torta? - Compro la torta **per** il suo compleanno.	- Warum kaufst du die Torte? - Ich kaufe die Torte **für** seinen Geburtstag.
- **Per** chi è? - Questo libro è **per** te.	- Für wen ist es? - Das Buch ist **für** dich.
- **Per** chi cucina? - Lei cucina **per** tutta la famiglia.	- Für wen kocht sie? - Sie kocht **für** die ganze Familie.
- **Dove** siede Tim? - Tim siede **tra** i suoi genitori.	- Wo sitzt Tim? - Tim sitzt **zwischen** seinen Eltern.
- **Dov'è** il libro? - **Fra** quei libri c'è il mio.	- Wo ist das Buch? - **Zwischen** den Büchern liegt meins.
- Quando arriva? - Lui arriva **fra (tra)** due giorni.	- Wann kommt er? - Er kommt **in** zwei Tagen.
- Quando è pronto il pranzo? - Il pranzo è pronto **fra (tra)** poco.	- Wann ist das Mittagessen fertig? - Das Mittagessen ist **bald** fertig.

Vocabolario (Vokabeln)

Italienisch	Deutsch
l'inizio della tratta autostradale	der Beginn der Autobahnstrecke
il casello d'entrata	die Einfahrtmautstelle
ritirare ill biglietto	das Ticket ziehen
il biglietto d'ingresso	das Einfahrtsticket
la corsia di sorpasso	die Überholspur
la corsia d'emergenza	die Standspur
la gomma a terra	die Reifenpanne
il cric	der Wagenheber
la ruota di scorta	der Ersatzreifen
il ruotino	das Notlaufrad
la colonnina SOS	die Notrufsäule
l'autovelox	Radargerät zur Geschwindigkeitskontrolle
il limite di velocità	die Geschwindigkeitsbegrenzung
il raccordo autostradale	der Autobahnzubringer
il casello d'uscita	die Ausfahrtstation
il/la casellante	der/die Kassierer:in
il pedaggio (autostradale)	die Autobahnmaut
la fine della tratta autostradale	das Ende der Autobahnstrecke
l'autogrill	die Autobahnraststätte

Altre preposizioni semplici e articolate (Weitere einfache Präpositionen und Präpositionen mit Artikel)

Den Präpositionen *con*, *per* und *tra/fra* werden die Artikel getrennt hinzugefügt. Die Präposition *su* folgt den Regeln der anderen Präpositionen (vgl. Kapitel 10)

	maschile (männlich)					**femminile (weiblich)**		
	il	**lo**	**l‘**	**i**	**gli**	**la**	**l‘**	**le**
con	**con il**	**con lo**	**con l‘**	**con i**	**con gli**	**con la**	**con l‘**	**con le**
su	sul	sullo	sull‘	sui	sugli	sulla	sull‘	sulle
per	**per il**	**per lo**	**per l‘**	**per i**	**per gli**	**per la**	**per l‘**	**per le**
tra/fra	**tra il**	**fra lo**	**tra l‘**	**fra i**	**tra gli**	**fra la**	**tra l‘**	**fra le**

Zwischen *tra* und *fra* kann man wählen, um phonetische Probleme zu vermeiden.

fra fratelli>**tra fra**telli	unter Brüdern
tra trenta minuti>**fra tre**nta minuti	in 30 Minuten

Attività | Übungen

1. Preposizioni semplici o articolate? | Einfache Präposition oder Präposition mit Artikel?

a. **Con chi festeggiate?**
   Festeggiamo _____ amici. Festeggiamo _____ loro.
b. **Su cosa è la conferenza?**
   _____ scrittori tedeschi. _____ Schiller
c. **Per chi è la lettera?**
   È _____ me. È _____ sorella di Carlo
d. **Dov'è tua sorella? (tra/fra)**
   È seduta _____ Carlo e Luca. È seduta _____ amici.

2. Scegli la preposizione giusta. | Wähle die richtige Präposition.

a. Cosa regali _____ Carlo per il suo compleanno? – Una giacca _____ pelle.
b. Andiamo _____ bar stasera? – Preferisco stare _____ divano e guardare la televisione.
c. Perché studi così tanto? _____ superare l'esame. Così posso andare _____ vacanza.
d. _____ chi è quel cellulare _____ il libro e il bicchiere?
e. Ciao Luca, _____ dove vieni? Ero (war) _____ dottore.

12 In giro per Firenze | Unterwegs in Florenz

Dopo la bellissima giornata di ieri, oggi i nostri amici hanno visitato Palazzo Pitti e il Giardino di Boboli. Adesso sono **stanchissimi** e desiderano tornare all'alloggio, ma è un po' lontano e non hanno voglia di andare a piedi o prendere i mezzi pubblici. Pia telefona a una stazione taxi.

Nach dem gestrigen schönen Tag haben unsere Freunde heute den Pitti-Palast und den Boboli-Garten besucht. Jetzt sind sie **sehr müde** und möchten zu ihrer Unterkunft zurückkehren, aber es ist etwas weit und sie haben keine Lust, zu Fuß zu gehen oder öffentliche Verkehrsmittel zu nehmen. Pia ruft beim Taxistand an.

Taxi:	Radiotaxi buona sera.	Radiotaxi, guten Abend.
Pia:	Buonasera, vorrei un taxi per favore.	Guten Abend, ich hätte gern ein Taxi.
Taxi:	Certo, per quando?	Gerne! Für wann?
Pia:	Prima possibile.	Sobald wie möglich.
Taxi:	Dove si trova?	Wo sind Sie denn?
Pia:	Siamo a Palazzo Pitti.	Wir sind am Palazzo Pitti.
Taxi:	Qual è la destinazione?	Was ist das Ziel?
Pia:	Il nostro alloggio è vicino al Duomo.	Unsere Unterkunft ist in der Nähe des Domes.

Taxi:	Ho capito, tra quindici minuti arriverà il Taxi 21.	Verstanden! In 15 Minuten wird das Taxi 21 bei Ihnen sein.
Pia:	Grazie mille.	Vielen Dank!
Leo:	**Il taxi è** sicuramente **più caro dell'autobus**, ma **più veloce**.	Sicher ist das Taxi **teurer** als der Bus, aber auch **schneller**.
Pia:	Non **velocissimo**, perché **c'è molto più traffico a Firenze che a Fiesole**, ma siamo **stanchissimi**.	Nicht **am schnellsten**, weil in Florenz **viel mehr** Verkehr ist **als** in Fiesole, aber wir sind **todmüde**.
Leo:	Oggi abbiamo fatto **molto di più dei giorni scorsi**. E abbiamo dormito anche **meno di ieri**.	Wir haben heute **viel mehr** gemacht als in den letzten Tagen. Und wir haben auch **weniger** geschlafen als gestern.
Pia:	Anche perché **ieri abbiamo camminato meno di oggi**. Adesso andiamo a riposarci un po', ci facciamo una doccia poi possiamo ordinare una pizza. Così restiamo a casa e ci rilassiamo. **Domani siamo** sicuramente **più in forma di oggi**.	Auch weil wir gestern **weniger** gelaufen sind als heute. Jetzt gehen wir uns ein wenig ausruhen, duschen und dann können wir Pizza bestellen. So bleiben wir zu Hause und erholen uns. Morgen sind wir bestimmt **fitter** als heute.
Leo:	Comunque è una vacanza **bellissima**.	Jedenfalls ist es ein **wunderschöner** Urlaub.

Vero o falso? (Richtig oder falsch?)

- Oggi i due sono molto stanchi.
- Tornano in autobus.
- Si trovano a Palazzo Pitti.
- Il taxi arriva fra un quarto d'ora.
- La vacanza non è interessante.

Vero, falso, vero, vero, falso

Palazzo Pitti

Palazzo Pitti è un **palazzo rinascimentale**, sicuramente **il più grande** di Firenze. Era la residenza di un banchiere fiorentino del '400, Luca Pitti. È poi passato alla famiglia Medici fino a diventare il palazzo reale quando Firenze era **la capitale del Regno d'Italia** (1865-1870).	Palazzo Pitti ist ein **Renaissance-Palast**, sicherlich **der größte** in Florenz. Er war die Residenz eines florentinischen Bankiers aus dem 15. Jahrhundert. Er ging dann in den Besitz der Familie Medici über, bis er schließlich zum Königspalast wurde, als **Florenz die Hauptstadt des Königreichs Italien** war (1865-1870).
Cosimo I de' Medici fece addirittura costruire **un passaggio sopraelevato**, da Palazzo Vecchio a Palazzo Pitti, per muoversi **senza pericoli** dalla sua residenza al palazzo del governo: il corridoio vasariano, dal nome dell'architetto Giorgio Vasari.	Cosimo I. de' Medici, ließ sogar **einen erhöhten Gang** vom Palazzo Vecchio zum Palazzo Pitti bauen, um sich **ohne Gefahr** von seiner Residenz zum Regierungsgebäude bewegen zu können: den Vasari-Korridor (auch Vasarianischer Korridor), benannt nach dem Architekten Giorgio Vasari.
Adesso è un **complesso museale statale**, in cui si trovano gallerie d'arte e musei. È anche la sede di sfilate di moda.	Jetzt ist er ein **Museumkomplex in öffentlicher Hand**, in dem sich Kunstgalerien und Museen befinden. Er ist auch Schauplatz von Modeschauen.
Dietro il palazzo c'è il bellissimo Giardino di Boboli, dove si possono ammirare sculture antiche e rinascimentali, grotte e fontane.	**Hinter dem Palast** befindet sich der wunderschöne Boboli-Garten, in dem man Skulpturen aus der Antike und der Renaissance sowie Höhlen und Brunnen bewundern kann.

Vocabolario (Vokabeln)

Italienisch	Deutsch
l'arte	die Kunst
il museo	das Museum
l'opera d'arte	das Kunstwerk
il dipinto	das Gemälde
la cornice	der Rahmen
il pittore/la pittrice	der/die Maler:in
la scultura	die Bildhauerei/Skulptur
la statua	die Statue
il marmo	der Marmor
lo scultore/la scultrice	der/die Bildhauer:in
la galleria d'arte	die Kunstgalerie
la mostra	die Ausstellung
temporanea	die Sonderausstellung
permanente	die Dauerausstellung
il/la guardasala	der/die Wachmann/frau
la visita guidata	die Führung
l'auricolare	die Hörmuschel/der Kopfhörer
il Palazzo	der Palast
la chiesa	die Kirche
il Duomo	der Dom
la Cattedrale	die Kathedrale
la Basilica	die Basilika
l'affresco/gli affreschi	das Fresko/die Fresken
il secolo	das Jahrhundert
l'epoca	die Epoche

il Duecento XIII (tredicesimo) Sec(olo)	13. Jh.
il Trecento XIV (quattordicesimo) Sec.	14. Jh.
il Quattrocento XV (quindicesimo) Sec.	15. Jh.
il Cinquecento XVI (sedicesimo) Sec.	16. Jh.
il Seicento XVII (diciassettesimo) Sec.	17. Jh.
il Settecento XVIII (diciottesimo) Sec.	18. Jh.
l'Ottocento XIX (diciannovesimo) Sec.	19. Jh.
il Novecento XX (ventesimo) Sec.	20. Jh.
la piazza	der Platz
la fontana	der Brunnen
l'architettura	die Architektur
lo stile/gli stili	der Stil
romanico	romanisch
gotico	gotisch
barocco	barock
rinascimentale	aus der Renaissance

Comparativo (Vergleichsform)

Vergleich von zwei verschiedenen Subjekten:

Maggioranza | mehr (+)

Mia sorella è **più grande di** me.	Meine Schwester ist **älter** als ich.
Io sono **più piccolo di** mia sorella.	Ich bin **jünger** als meine Schwester.
Mio fratello **è più alto di** me.	Mein Bruder ist **größer** als ich.
Io sono **più bassa di** mio fratello.	Ich bin **kleiner** als mein Bruder.

Minoranza | weniger (-)

Questo libro è **meno interessante dell'**altro.	Dieses Buch ist **weniger interessant** als das andere.
Il film è **meno bello di** quello di ieri.	Der Film ist **weniger schön** als der von gestern.

Uguaglianza | gleich (=)

Quel bambino è (tanto/così) **bello come/quanto** quella bambina	Der Junge ist (so) **schön wie** das Mädchen.

Nota! (Merke!)

Wenn **zwei Subjekte** verglichen werden, verwendet man die Präposition *di*. (vgl. Kapitel 10 zur Bildung vonPräpositionen mit Artikel).

di+**il=del**	di+**lo**=**dello**	di+**l'**=**dell'**	di+**i**=**dei**
di+**gli=degli**	di+**la**=**della**	di+**le**=**delle**	di+**l'=dell'**

Werden **mehrere Eigenschaften oder Handlungen** verglichen, die sich auf ein einzelnes Subjekt beziehen, oder zwei Handlungen (Infinitivverben), wird die Konjunktion *che* verwendet. *Che* wird auch beim **Vergleich von zwei Begriffen** verwendet, denen eine Präposition vorausgeht.

Luisa **è più simpatica che bella**.	Luisa ist **eher nett als schön**.
Marco preferisce **più il pesce che la carne**.	Marco **zieht Fisch dem Fleisch vor.**
Mi piace **più leggere che guardare la televisione**.	Ich lese **lieber als fernzusehen**.
Mi piace di più uscire con te **che** con gli altri.	Ich gehe lieber mit dir aus **als** mit den anderen.

Superlativo relativo (relativer Superlativ)

Die Eigenschaft ist maximal oder minimal im Vergleich zu einer Gruppe.

Questo vino è **il più buono dei tre**	Dieser Wein ist **der beste von den Dreien.**
Compro **le scarpe meno care** (di tutte).	Ich kaufe **die günstigsten Schuhe** (von allen).
È il bambino **più alto della classe**.	Er ist das **größte Kind in der Klasse.**

Superlativo assoluto (absoluter Superlativ)

Es gibt hier keinen Vergleich, sondern es handelt sich um eine **absolute Eigenschaft**. Das Adjektiv wird um *-issimo/a/e/i* ergänzt.

bell(o): bellissimo/a/i/e	schön: am schönsten
chiar(o): chiarissimo/a/i/e	klar: am klarsten/hell: am hellsten
facil(e): facilissimo/a/i/e	leicht: am leichtesten/einfach: am einfachsten
veloc(e): velocissimo/a/e/i	schnell: am schnellsten

Aggettivi con forme irregolari (Adjektive mit unregelmäßiger Steigerungsform)

Es gibt Adjektive mit unregelmäßiger Steigerung:

aggettivo	**comparativo**	**superlativo relativo** il/i-lo,l'/gli-la,l'/le+Nomen	**superlativo assoluto**
buono/a/i/e	migliore di	migliore/i	ottimo/a/i/e
cattivo/a/i/e	peggiore di	peggiore/i	pessimo/a/i/e
grande/i	maggiore di	maggiore/i	massimo/a/i/e
piccolo/a/i/e	minore di	minore/i	minimo/a/i/e

Esempi (Beispiele)

Questo film è **bellissimo**. È **migliore di** quello di ieri.	Dieser Film ist wunderschön. Er ist **besser** als der von gestern.
Le lasagne sono **ottime/buonissime**.	Die Lasagne ist **sehr lecker**.
Il figlio **maggiore/più grande** è ingegnere; la figlia **minore/più piccola** studia ancora.	Der **älteste** Sohn ist Ingenieur, die **jüngste** Tochter studiert noch.
È **il** tuo **risultato peggiore**.	Es ist dein **schlechtestes** Ergebnis.
La temperatura **minima** è 6°, la **massima** 15°.	Die **Mindesttemperatur** ist 6 Grad, die **Höchsttemperatur** 15 Grad.

Attività | Übungen

1. Comparativi: maggioranza (+), minoranza (-), uguaglianza (=) | mehr (+), weniger (-), gleich (=)

Marco e Sara hanno 15 anni. Sandro ha 13 anni. / (+ grande) Marco è Sara sono **più grandi** di Sandro
Nel mio giardino ci sono pochi fiori/ Nel suo molti. / (- fiori). Nel mio giardino ci sono **meno fiori** che nel suo.

a. La casa A ha 5 piani. La casa B ha 3 piani. (- alto)

b. Nella bottiglia verde c'è poca acqua. Nella bottiglia bianca c'è molta acqua. (+ acqua)

c. Il libro di storia ha 300 pagine. Il libro di geografia ha 200 pagine. (+ spesso/dick)

d. La città di Francoforte è 248,3 Km^2. Berlino è 891,8 Km^2. (- esteso)

e. Nella scatola A ci sono 5 cioccolatini. Anche nella scatola B ci sono 5 cioccolatini. (=)

2. Indica l'affermazione giusta. Poi correggi. | Kreuz die richtige Aussage an. Dann korrigiere.

a. Carlo 1,60 m./Paolo 1,62 m./Filippo 1,58 m.
□ Carlo è alto come Paolo.
□ Carlo è meno alto di Filippo.
□ Filippo è il più basso.

b. Scatola A 9 caramelle/scatola B 5 caramelle/scatola C 5 caramelle.
□ Nella scatola A ci sono meno caramelle che nella B.
□ Nella scatola C ci sono tante caramelle quante nella B.
□ Nella scatola B ci sono più caramelle che nella A.

c. Francoforte 764.474 abitanti/Berlino 3.850.809 abitanti/Dresda 569.173 abitanti.
□ Francoforte ha meno abitanti di Dresda.
□ Dresda ha meno abitanti di Berlino e Francoforte.
□ Dresda ha più abitanti di Francoforte.

d. Il mio appartamento 65 mq/il vostro appartamento 68 mq/il loro appartamento 65 mq.
□ Il mio appartantento è grande come il loro.
□ Il vostro appartamento è il più piccolo.
□ Il loro appartamento è meno grande del mio.

e. Luisa canta bene/Carla canta benissimo/Rita canta malissimo.
□ Carla non canta così bene come Rita.
□ La voce di Rita è la meno bella delle tre.
□ Luisa canta bene come Carla.

3. Rispondi alle domande | Beantworte die Fragen

a. Paolo 17 anni. Lisa 15 anni. Chi è il figlio minore?
b. Vino A discreto, vino B ottimo. Qual è il vino peggiore?
c. Stamattina 6°, a mezzogiorno 20°. Qual è la temperatura maggiore?
d. Atleta A 100 m. in 10", atleta B 100 m. in 9"70. Chi fa un ottimo tempo?
e. Le lasagne di Maria non sono buone, quelle di Luisa sono ottime. Chi è una pessima cuoca?

13 In farmacia | In der Apotheke

Il taxi porta i due all'alloggio. Quando scende, Pia si accorge di avere una vescica al tallone. Ha difficoltà a camminare. Poco distante c'è una farmacia.

Das Taxi bringt die beiden zu ihrer Unterkunft. Beim Aussteigen bemerkt Pia, dass sie eine Blase an der Ferse hat. Sie hat Schwierigkeiten beim Gehen. Nicht weit entfernt gibt es eine Apotheke.

Pia:	Devo avere una vescica al tallone. Fa male quando cammino. **La** vedi? È piuttosto grande. Prima di andare su, cerchiamo una farmacia.	Ich muss eine Blase an der Ferse haben. Es tut weh, wenn ich laufe. Siehst du **sie?** Sie ist recht groß. Bevor wir raufgehen, suchen wir eine Apotheke.
Leo:	Guarda, una è proprio lì davanti. È ancora aperta.	Schau mal, eine ist direkt da vorne. Sie ist noch offen.
Attraversano ed entrano in farmacia.		*Sie überqueren die Straße und betreten die Apotheke.*
Pia:	Buonasera, avete qualcosa per le vesciche?	Guten Abend, haben Sie etwas gegen Blasen?
Farm.:	Dove ha la vescica? È intatta o si è aperta?	Wo haben Sie die Blase? Ist sie noch geschlossen oder ist sie offen?
Pia:	Al tallone. Per adesso non si è	An der Ferse. Bis jetzt ist sie

	ancora aperta, ma ho difficoltà a camminare.	nicht geplatzt, aber ich habe Schwierigkeiten beim Gehen.
Farm.:	**Le** consiglio di fare prima un bel pediluvio con un cucchiaio di bicarbonato e dopo può mettere una goccia di olio essenziale di lavanda direttamente sulla vescica.	Ich empfehle **Ihnen**, zuerst ein schönes Fußbad mit einem Löffel Natron zu nehmen und danach einen Tropfen ätherisches Lavendelöl direkt auf die Blase zu geben.
Pia:	Avete qualcosa per evitare lo sfregamento con la scarpa?	Haben Sie etwas, um das Reiben am Schuh zu vermeiden?
Farm.:	Posso dar**Le** dei cerotti oppure un gel antisfregamento.	Ich kann **Ihnen** ein Pflaster oder ein Gel gegen Scheuern geben.
Leo:	Prendiamo il gel. Quanto costa?	Wir nehmen das Gel. Was kostet es?
Farm.:	17,90 euro. **Lo** potete usare anche per il corpo, per evitare un'eccessiva sudorazione.	17,90 Euro. Sie können **es** auch auf dem Körper anwenden, um übermäßiges Schwitzen zu verhindern.
Pia:	Allora prendiamo l'olio essenziale, il gel e i cerotti… e il bicarbonato per il pediluvio.	Wir nehmen also das ätherische Öl, das Gel und die Pflaster... und das Bicarbonat für das Fußbad.
Farm.:	Pagate con carta o in contanti?	Zahlen Sie mit Karte oder bar?
Leo:	Paghiamo in contanti, ecco a Lei.	Wir zahlen bar, hier bitte, für Sie.
Farm.:	Lo scontrino è nel sacchetto. Arrivederci.	Der Beleg ist in der Tüte. Auf Wiedersehen.
Leo:	Grazie e buona serata.	Danke und schönen Abend.

Pia:	Cerchiamo un Bancomat, abbiamo quasi finito i contanti. Quando viene il ragazzo della pizza, **gli** voglio dare anche la mancia.	Lass uns einen Geldautomaten suchen, wir haben fast kein Bargeld mehr. Wenn der Pizzalieferant kommt, möchte ich **ihm** Trinkgeld geben.

Vero o falso? (Richtig oder falsch?)

- Pia ha una vescica sotto il piede.
- La farmacia non è lontana.
- Pia deve fare un pediluvio.
- Non vogliono il gel.
- Nel sacchetto c'è lo scontrino.

Falso, vero, vero, falso, vero

Farmacia di Santa Maria Novella (Apotheke Santa Maria Novella)

È la più **antica farmacia** d'Europa. **È vicina alla** Basilica di Santa Maria Novella. Nel 1221 i **frati domenicani** della Basilica cominciarono a **coltivare erbe medicinali** per il convento. Fu aperta al pubblico solo nel 1612 e da allora ebbe un crescente successo, anche all'estero fino in **Russia, Cina e India.**	Das ist die **älteste Apotheke** in Europa. **Sie liegt in der Nähe** der Basilika Santa Maria Novella. Im Jahr 1221 begannen die **Dominikanermönche Heilkräuter** für das Kloster **anzubauen**. Sie wurde erst 1612 der Öffentlichkeit zugänglich gemacht und wurde seitdem immer erfolgreicher, sogar im Ausland - zum Schluss sogar in **Russland, China und Indien**.
Oggi la farmacia appartiene al comune di Firenze ed è diventata **un'erboristeria** con il nome di Officina profumo-farmaceutica di Santa Maria Novella. È possibile visitarla e vedere strumenti e contenitori del passato: **vasi di ceramica**, vetri da farmacia, alambicchi, mortai, bilance. A Firenze ci sono **altre farmacie storiche:** una delle sette Arti Maggiori era proprio l'Arte dei Medici e degli Speziali.	Heute gehört die Apotheke der Stadt Florenz und ist ein **Kräutergeschäft** mit dem Namen Officina Profumo-Farmaceutica di Santa Maria Novella. Man kann sie besuchen und historische Werkzeuge und Behälter anschauen: **Keramiktöpfe**, Apothekergläser, Destillierkolben, Mörser, Waagen. In Florenz gibt es **weitere historische Apotheken**: Eine der sieben *Arti Maggiori* (Großen Künste) war eben die *Arte dei Medici e degli Speziali* (Kunst der Ärzte und der Apotheker).
Le Arti erano associazioni formate da **maestri** di un certo **mestiere** e avevano influenza politica ed economica.	Die *Arti* waren Gilden, die aus **Meistern** eines bestimmten **Handwerks** bestanden und politischen und wirtschaftlichen Einfluss hatten.
Dell'Arte dei Medici e Speziali faceva parte anche Dante Alighieri.	Zur *Arte dei Medici e Speziale* gehörte auch Dante Alighieri.

Vocabolario (Vokabeln)

Italienisch	Deutsch
il/la farmacista	der/die Apotheker:in
la febbre	das Fieber
febbre alta	hohes Fieber
febbre bassa	niedriges Fieber
l'antipiretico	das fiebersenkende Mittel
il mal di testa	die Kopfschmerzen
i dolori muscolari	der Muskelkater
l'analgesico	das Schmerzmittel
il raffreddore	die Erkältung
il naso chiuso	die verstopfte Nase
la sinusite	die Nebenhöhlenentzündung
difficoltà respiratorie	Atembeschwerden
la tosse	der Husten
la tosse secca	Reizhusten
la tosse grassa	schleimiger Husten
il reflusso gastroesofageo	das Sodbrennen
il mal di stomaco	die Magenschmerzen
il mal di pancia	die Bauchschmerzen
la diarrea	der Durchfall
la stipsi	die Verstopfung
la nausea	die Übelkeit
il vomito	das Erbrechen
il farmaco	das Medikament
in compresse	als Tabletten
in bustine	in Beuteln

lo sciroppo	der Hustensaft
le gocce	die Tropfen

Frasi quotidiane in farmacia (Alltagssätze)

- Come devo prendere **le compresse?**
- Una **dopo i pasti**. Una **prima dei pasti.**

- Wie soll ich **die Tabletten** einnehmen?
- Eine **nach dem Essen**. Eine **vor dem Essen**.

- Quante **gocce**?
- 10 gocce **diluite in acqua.**

- Wie viele **Tropfen**?
- 10 Tropfen **in Wasser gelöst.**

Pronome oggetto diretto (Direktes Objektpronomen/Akkusativ)

Direkte Objektpronomen werden dem Verb angeschlossen. Sie stehen direkt **vor** *(atono/unbetont)* oder **nach** *(tonico/betont)* einem Verb und ersetzen im Satz das Objekt im Akkusativ. Die Fragen dazu lauten: *Chi? Che cosa?* (Wen? Was?)

Chiami **Mario**?
- No, non **lo** chiamo. *(atono)*
- Non chiamo **lui,** chiamo sua sorella. *(tonico)*

Rufst du **Mario** an?
- Ich rufe **ihn** nicht an. *(nicht betont)*
- Ich rufe nicht **ihn**, sondern seine Schwester an. *(betont)*

Das **betonte Pronomen** *(tonico)* wie in dem Beispiel oben wird benutzt, wenn man das Objekt hervorheben möchte.

atono (nicht betont)	tonico (betont)	Direktes Objekt
mi	me	**mich**
ti	te	**dich**
lo	lui	**ihn/es**
la	lei	**sie**
La	Lei	**Sie**
ci	noi	**uns**
vi	voi	**euch**
li/le	loro	**sie**

Frasi quotidiane con pronome oggetto diretto
(Alltagssätze mit direktem Objektpronomen/Akkusativ)

Chi? Che cosa? (Wen? Was?)

- Quando **mi** chiami? - **Ti** chiamo dopo. *(Chiamare **chi?**)*	- Wann rufst du **mich** an? - Ich rufe **dich** später an. (**Wen** annrufen?)
- Leggete il libro? - No, non **lo** leggiamo	- Lest ihr das Buch? - Nein, wir lesen **es** nicht.
- Mangi la pasta? - **La** mangio dopo.	- Isst du Pasta? - Ja, ich esse **sie** später.
- Signor Rossi, **La** chiamo più tardi	- Herr Rossi, ich rufe **Sie** später an.
- **Ci** chiamate stasera? - No, **vi** chiamiamo domani.	- Ruft ihr **uns** heute Abend an? - Nein, wir rufen **euch** morgen an.
- Chi compra le mele?	- Wer kauft die Äpfel?

- **Le** compro io!	- Ich kaufe **sie**.
- E i pomodori?	- Und Tomaten?
- **Li** prende lui.	- Er kauft **sie**.

Pronome oggetto indiretto (Indirektes Objektpronomen/Dativ)

Einigen Verben folgen im Italienischen indirekte Pronomen bzw. ein indirektes Objekt. Die Frage dazu lautet: *A chi? A che cosa?* (Wem? Was?)

Dem Verb folgt die Präposition *a*, z.B.

- piacere **a** (jemandem gefallen)
- mancare **a** (jemandem fehlen)
- telefonare **a** (jemanden anrufen)
- dare **a** (jemandem geben)
- regalare **a** (jemandem schenken)
- dire **a** (jemandem sagen)
- spedire **a** (jemandem schicken).

atono (nicht betont)	tonico (betont)	Indirektes Objekt
mi	a me	**mir**
ti	a te	**dir**
gli	a lui	**ihm**
le	a lei	**ihr**
Le	a Lei	**Ihnen**
ci	a noi	**uns**
vi	a voi	**euch**
gli (…loro)	a loro	**ihnen**

Zu *gli (…loro):* Obwohl diese nachgestellte Form die richtigste ist, wird sie in der Umgangssprache immer seltener benutzt.

Frasi quotidiane con pronome oggetto indiretto
(Alltagssätze mit indirekten Objektpronomen/Dativ)

A chi? A che cosa? (Wem? Was?)

- **Mi** telefoni? - **Ti** telefono dopo. *(Telefonare **a chi**? Telefonare a te.)*	- Rufst du **mich** an? - Ich rufe **dich** später an.
- Cosa dai **a lui**? - **Gli** do un libro.	- Was gibst du **ihm**? - Ich gebe **ihm** ein Buch.
- Telefoni tu **a lei**? - Sì, **le** telefono io.	- Rufst du **sie** an? - Ja, ich rufe **sie** an.
- Quando **Le** posso telefonare, signora?	- Wann kann ich **Sie** anrufen, Frau Rossi?
- **Ci** telefonate stasera? - Sì, **vi** telefoniamo più tardi.	- Ruft ihr **uns** heute Abend an? - Ja, wir rufen **euch** später an.
- Cosa regali **a loro**? - **Gli** regalo un libro. - Regalo **loro** un libro.	- Was schenkst du **ihnen**? - Ich schenke **ihnen** ein Buch.
- Telefoni **a** Luisa? - Non telefono **a lei**, preferisco chiamare suo fratello	- Rufst du Luisa an? - Nein ich rufe **sie** nicht an, ich rufe lieber ihren Bruder an.

Attività | Übungen

1. Oggetto diretto e indiretto | Direktes und indirektes Objektpronomen

Oggetto diretto (direktes Objektpronomen)

a. Per chi compri il libro? ___ compro per mia zia.
b. Quando chiami la sorella di Paolo? ___ chiamo domani l'altro.
c. A chi date le chiavi? ___ diamo al portiere.
d. Chi vi chiama domani? ___ chiama il professore.
e. Chi riprende i bambini da scuola? ___ riprende la mamma.

Oggetto indiretto (indirektes Objektpronomen)

a. Quando telefoni a tuo cugino? ___ telefono nel pomeriggio.
b. Regali un libro a Giovanna? No, ___ regalo un CD.
c. Mi telefoni tu? Sì, ma ___ telefono stasera.
d. Cosa regali ai tuoi genitori? ___ regalo un nuovo televisore. Regalo ___ un nuovo televisore.
e. Ci telefonate? ___ telefoniamo domani mattina.

2. Scegli l' oggetto giusto. | Wähle das richtige Pronomen.

a. Stasera ____ diamo i soldi.

□ vi □ li

b. Chiamate Luisa? Non non chiamiamo ____ ma sua cugina.

□ la □ lei

c. Perché non ____ chiamate?

□ lo □ gli

d. Quando incontri Sandro, ____ saluti da parte mia?

□ ti □ lo

e. Dai ____ le chiavi?

□ gli □ loro

f. Signor Rossi, più tardi ____ telefona il Dottor Grandi.

□ Le □ vi

g. Se vedi Maria ____ dici che domani non posso andare da lei?
□ la □ le

h. Per il compleanno dei miei figli, ____ regalo un nuovo videogioco.
□ le □ gli

i. La luce è ancora accesa. ____ spegni per favore?
□ lo □ la

j. Perché lui non ____ parla più? Avete litigato?
□ ci □ ti

14 Cucinare insieme | Gemeinsam kochen

Il piede di Pia sta meglio ma i due sono abbastanza stanchi e decidono di non uscire. Vogliono cucinare e rilassarsi un po'. Leo va al supermercato a comprare qualcosa. È tornato.

Pias Fuß geht es besser, aber die beiden sind ziemlich müde und beschließen, nicht auszugehen. Sie wollen kochen und sich ein wenig entspannen. Leo geht in den Supermarkt, um etwas zu kaufen. Er ist wieder da.

Leo:	Ho comprato cose buone: verdura di stagione, tre patate, **uova**, pane, frutta, un limone, olio d'oliva e sale. Da bere acqua e una bottiglia di vino bianco.	Ich habe leckere Sachen gekauft: Gemüse der Saison, drei Kartoffeln, **Eier**, Brot, Obst, eine Zitrone, Olivenöl und Salz. Zum Trinken Wasser und eine Flasche Weißwein.
Pia:	Vediamo… ci sono gli asparagi verdi, i carciofi, le fragole, un limone. Posso preparare una frittata di patate. Poi bollo gli asparagi e li condisco con un paio di **gocce** d'olio e limone.	Mal sehen... das sind grüner Spargel, Artischocken, Erdbeeren, eine Zitrone. Ich kann ein Kartoffel-Omelett machen. Dann koche ich den Spargel und würze ihn mit ein paar **Tropfen** Öl und Zitrone.
Leo:	Dov'è una pentola per gli asparagi? E la padella per la frittata?	Wo ist der Topf für den Spargel? Und die Pfanne für das Omelett?

Pia:	La pentola e la padella sono nel mobiletto sotto il fornello. Nel cassetto ci sono le posate. Mi serve un coltello per pelare le patate… c'è perfino un pelapatate, che fortuna.	Der Topf und die Pfanne sind im Schränkchen unter dem Herd. In der Schublade ist das Besteck. Ich brauche ein Messer, um die Kartoffeln zu schälen… Da ist sogar ein Kartoffelschäler, was für ein Glück.
Leo:	Attenta alle **dita**! Ti tagli sempre con il pelapatate! Intanto pulisco gli asparagi, li lavo e li metto nella pentola. Quanto tempo devono cuocere? Una decina di minuti?	Pass auf die **Finger** auf! Mit dem Kartoffelschäler schneidest du dich immer! Inzwischen putze ich den Spargel, wasche ihn und gebe ihn in den Topf. Wie lange muss er kochen? Etwa zehn Minuten?
Pia:	Sí! Poi vediamo… adesso taglio le patate a fettine, mentre tu metti la padella con l'olio sul fornello.	Ja! Dann schauen wir mal… Nun schneide ich die Kartoffeln in kleine Scheiben, während du die Pfanne auf den Herd stellst.

Pia taglia le patate e poi le mette nell'olio già caldo.

Pia schneidet die Kartoffeln und legt sie dann in das bereits heiße Öl.

Leo:	Sbatto le **uova**. Mi passi una forchetta?	Ich schlage die **Eier** auf. Reichst du mir eine Gabel?
Pia:	Prego! Le patate sono pronte, ci butto le uova sbattute.	Bitte! Die Kartoffeln sind schon fertig, ich gebe die geschlagenen Eier dazu.
Leo:	Ed io apparecchio. Prendo i piatti e i bicchieri dall'armadietto sopra il lavandino, due forchette, due coltelli… Accidenti, ho dimenticato i tovaglioli di carta.	Und ich decke den Tisch. Ich hole die Teller und die Gläser aus dem Schränkchen über der Spüle, zwei Gabeln, zwei Messer… Verflixt, ich habe die Papierservietten vergessen.

Pia:	Abbiamo i fazzolettini, usiamo quelli. Le fragole le prepari prima di mangiare o dopo mangiato?	Wir haben Taschentücher, lass uns die benutzen. Bereitest du die Erdbeeren vor oder nach dem Essen zu?
Leo:	Lo faccio adesso. Dopo ci sediamo sul divano e guardiamo un film al computer. Durante il film mangiamo le fragole. Ti va?	Das mache ich jetzt. Danach setzen wir uns auf das Sofa und schauen einen Film am Computer. Während des Films essen wir die Erdbeeren. Einverstanden?
Pia:	D'accordo. Oggi completo relax.	Einverstanden. Heute ist nur Entspannung angesagt!

Vero o falso? (Richtig oder falsch?)

- I due voglio rimanere in casa.
- Leo ha comprato due bottiglie di vino.
- Non c'è il pelapatate.
- Leo prepara la tavola.
- Nell'appartamento c'è un divano.

Vero, falso, falso, vero, vero

Pappa al pomodoro (Tomatenbrei)

Ingredienti per **4 persone**	Zutaten für **4 Personen**
300 gr. (grammi) di **pane toscano** (non salato) 500 gr. **di pomodori maturi o pelati** 2 spicchi d'aglio Abbondante **basilico** 1 l. (litro) di **brodo vegetale** Olio d'oliva Sale e pepe	300 g **toskanisches Brot** (nicht gesalzen) 500 g **reife oder geschälte Tomaten** 2 Knoblauchzehen Reichlich **Basilikum** 1 l **Gemüsebrühe** Olivenöl Salz und Pfeffer
Preparazione	**Zubereitung**
1. **Dividere a metà** gli spicchi d'aglio e rosolarli in 6 cucchiai d'olio. 2. Appena prendono colore, **unire** i pomodori tagliuzzati e abbondante basilico.	1. Die Knoblauchzehen **halbieren** und in 6 Esslöffel Öl anbraten. **2.** Sobald sie Farbe annehmen, die zerkleinerten Tomaten und reichlich Basilikum **hinzufügen.**
3. **Salare e pepare** e far cuocere un quarto d'ora.	3. **Salzen und pfeffern**, und eine Viertelstunde lang kochen.
4. **Versare il brodo bollente** sul pomodoro. 5. Appena spicca il bollore, unire il pane a fette sottili.	4. Die **kochende Brühe** über die Tomaten **gießen**. 5. Sobald es kocht, das in dünne Scheiben geschnittene Brot hinzufügen.
6. Far cuocere 10 minuti girando spesso. Poi togliere **dal fuoco.** 7. **Far riposare un'oretta** e poi rimestare bene per far disfare il pane. 8. **Riscaldare brevemente**.	6. **10 Minuten kochen lassen**, dabei häufig umrühren. Dann **vom Herd** nehmen. 7. **Ein Stündchen ruhen lassen** und dann gut umrühren, damit das Brot zu Brei wird. **8. Ganz kurz erwärmen.**

9. Servire **la pappa calda** ma non bollente con un filo d'olio crudo. 10. **Non aggiungere** formaggio! Buon appetito!	9. **Den Tomatenbrei warm,** aber nicht heiß mit etwas Öl servieren. 10. **Keinen** Käse **dazugeben**! Guten Appetit!

Vocabolario (Vokabeln)

Italienisch	Deutsch
A tavola!	Zu Tisch! /am Tisch
la tovaglia	die Tischdecke
la tovaglietta (americana)	das Set
il tovagliolo	die Serviette
il tovagliolo di stoffa	die Stoffserviette
il tovagliolo di carta	die Papierserviette
il portatovagliolo	der Serviettenring
il piatto	der Teller
il piatto piano	der flache Teller
il piatto fondo	der tiefe Teller
il piattino	der kleine Teller
le posate	das Besteck
la forchetta	die Gabel
il coltello	das Messer
il cucchiaio	der Löffel
la forchettina	die Dessertgabel
il cucchiaino	der Teelöffel

il cestino del pane	der Brotkorb
il bicchiere	das Glas
il bicchiere da acqua	das Wasserglas
il bicchiere da vino	das Weinglas
la saliera	der Salzstreuer
il portapepe	der Pfefferstreuer
il macinapepe	die Pfeffermühle
l'oliera	der Ölspender
l'olio	das Öl
l'aceto	der Essig

Plurali particolari (Besondere Pluralformen)

Die Wörter auf ***-cia*** und ***-gia*** im Plural:

- **Sie werden ohne *-i*-** gebildet, wenn **vor dem *-cia/-gia* ein Konsonant** steht:
  go**ccia**/gocc**e** (Tropfen)
  spia**ggia**/spiagg**e** (Strand)
  ara**ncia**/aranc**e** (Orange)
  to**rcia**/torc**e** (Taschenlampe)
  spia**ggia**/spiagg**e** (Strand)
  fra**ngia/**frang**e** (Fransen)
  fo**rgia**/forg**e** (Schmiede)

- **Sie werden mit -i** gebildet, wenn **vor dem -cia/-gia ein Vokal** steht:
  cam**icia**/camicie (Hemd)
  val**igia**/valigie (Koffer)
  aca**cia**/acacie (Akazie)
  cili**egia**/ciliegie (Kirsche)

Weitere besondere Pluralformen:

Singular	Plural
l'orecchio (das Ohr)	**le orecchie** (die Ohren)
il ginocchio (das Knie)	**le ginocchia** (die Knie)
il labbro superiore o inferiore (die Ober- oder Unterlippe)	- **le labbra** (die Lippen) - **i labbri della ferita** (die Wund-ränder)
il braccio (der Arm) **il braccio** attrezzo/fiume… (der Arm der Maschine/des Flusses)	- **le braccia** (der Arm eines Menschen) - **i bracci della gru/del fiume/del lampadario** (die Arme des Krans, des Flusses, des Kronleuchters)
il dito (der Finger)	- **le dita** (alle Finger der Hand) - **i diti** (bestimmte Finger der Hand)
l'osso (der Knochen)	- **le ossa** (die Knochen des Menschen) - **gli ossi** (del pollo) (die Hühnerknochen)
l'uovo (das Ei)	**le uova** (die Eier)
il ciglio della strada (der Straßenrand) **il ciglio** (Lidrand mit den Wimper)	- **i cigli** della strada (die Straßenränder - **le ciglia degli occhi** (die Wimpern)

Frasi quotidiane con plurali particolari
(Alltagssätze mit besonderen Pluralformen)

- Roberta ha delle belle **ciglia** lunghe.	- Roberta hat schöne lange **Wimpern**.
- Sono caduta e mi sono sbucciata le **ginocchia**.	- Ich bin hingefallen und habe mir die **Knie** aufgeschlagen.
- Do un po' di rossetto alle **labbra**.	- Ich trage etwas Lippenstift auf meine **Lippen** auf.
- Ho comprato un lampadario a tre **bracci**.	- Ich habe einen Kronleuchter mit drei **Armen** gekauft.
- Mi fanno male le **braccia**!	- Mir tun die **Arme** weh!
- Una mano ha cinque **dita**. I **diti** si chiamano: - il pollice - l'indice - il medio - l'anulare - il mignolo	- Eine Hand hat fünf **Finger.** Die **Finger** sind: - der Daumen - der Zeigefinger - der Mittelfinger - der Ringfinger - der kleine Finger
- Le dita dei piedi non hanno un nome, tranne l'alluce, il dito grosso.	- Die Fußzehen haben keinen Namen, außer der große Zeh.
- Nel piatto sono rimasti solo **ossi** di pollo, ho mangiato tutto.	- Auf dem Teller sind nur **Hühnerknochen** übrig, ich habe alles aufgegessen.

- Quante **ossa** ha l'uomo?
- Più di 200.

- Wie viele **Knochen** hat der Mensch?
- Über 200.

- Quante **uova** mangi?
- Mangio solo **un uovo**, non ho molta fame.

- Wie viele **Eier** isst du?
- Ich esse nur ein Ei, ich bin nicht so hungrig.

- Sui **cigli** della strada in campagna crescono molti fiori.

- An den **Straßenrändern** auf dem Land wachsen viele Blumen.

Attività | Übungen

1. Inserisci plurali particolari. | Setze die besonderen Pluralformen ein.

a. Sulle (spiaggia) ________________ ci sono molte (doccia) ________.
b. Ti piacciono (la camicia) ________________che ho comprato?
c. „Hai mangiato tutto?" „Sì, sono rimasti solo (l'osso) ______________.
d. (il ciglio) ________________ di Luisa sono molto belle e lunghe.
e. Hai mangiato la pasta? Hai (il labbro) _____________ sporche di sugo.
f. Ieri ho fatto ginnastica. Mi fanno male (l'osso) ________________.
g. Ho tante cose, devo portare due (valigia) ________________.
h. Ti sei lavato (l'orecchio) ________________.
i. Ho mal di pancia. Ho mangiato troppe (ciliegia) ________________.
j. Ti piacciono le mie magliette (grigia) ________________.

2. Leggi la ricetta e scegli la risposta giusta. | Lies das Rezept und kreuze die richtige Antwort an.

a. Quanti spicchi d'aglio ci sono nella pappa?

□ più di due □ solo due

b. Quanto olio serve?

□ sei cucchiaini □ sei cucchiai

c. Come deve essere il brodo?

□ caldissimo □ freddo

d. Come si serve la pappa?

□ solo calda □ bollente

e. Ci metto il formaggio?

□ assolutamente no □ se voglio

15 La tecnica | Die Technik

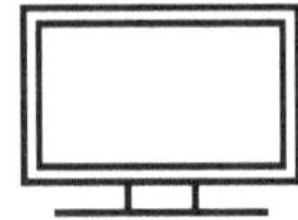

Dopo aver mangiato Pia e Leo si siedono comodamente sul divano e accendono il computer. Leo si accorge solo adesso di non avere la password per la rete WLAN. Devono contattare l'amministratore.

Nach dem Essen setzen sich Pia und Leo bequem auf das Sofa und machen den Computer an. In diesem Moment bemerkt Leo, dass er kein Passwort für das WLAN hat. Sie müssen den Verwalter kontaktieren.

Leo:	Accidenti! Dobbiamo chiedere la password all'amministratore. Dov'è **il suo** numero di telefono?	Verflixt! Wir müssen den Verwalter nach dem Passwort fragen. Wo steckt **seine** Telefonnummer?
Pia:	Aspetta… ci ha dato il **suo** biglietto da visita. È nel **mio** portafoglio. Eccolo!	Warte… Er hat uns **seine** Visitenkarte gegeben. Sie ist in **meinem** Portemonnaie. Da!
Leo:	**Il mio** cellulare è in carica in camera da letto.	**Mein** Handy lädt gerade im Schlafzimmer.
Pia:	Prendi **il mio**. Mentre telefoni, io preparo le fragole.	Nimm **meins**. Während du telefonierst, bereite ich die Erdbeeren vor.

Leo compone il numero dell'amministratore.

Leo wählt die Nummer des Verwalters.

Leo:	È occupato! Adesso riprovo.... Ancora occupato.	Es ist besetzt! Nun versuche ich es nochmal... noch immer besetzt.
Il cellulare suona.		*Das Handy klingelt.*
Leo:	È lui... ha visto **la mia** chiamata.... Buon pomeriggio, vorremmo vedere un film ma non abbiamo la password.... Aspetti, prendo una penna e la annoto.... ce l'ho... sì, ho capito, grazie mille per avere richiamato.	Er ist es... Er hat **meinen** Anruf gesehen... Schönen Nachmittag, wir möchten uns einen Film anschauen, aber wir haben kein Passwort... Warten Sie, ich nehme einen Stift und notiere es... ich habe es... ja, verstanden, vielen Dank für den Rückruf.
Pia:	Adesso possiamo sederci, mangiare le fragole e vedere **il nostro** film in santa pace.	Jetzt können wir uns hinsetzen, Erdbeeren essen und **unseren** Film in aller Ruhe anschauen.
Leo:	Che vuol dire... in santa pace?	Was heißt... in santa pace?
Pia:	Significa tranquillamente, senza essere disturbati.	Es bedeutet *ganz ruhig*, ohne gestört zu werden.
Leo:	Ah, non conoscevo l'espressione... Dunque...inserisco la password e... ecco il nostro computer si è collegato. Che film vuoi vedere?	Ha, den Ausdruck kannte ich nicht... Also, ich gebe das Passwort ein und... hier, unser Computer ist verbunden. Was für einen Film möchtest du anschauen?
Pia:	Cerchiamo un film italiano, comico o drammatico?	Suchen wir einen italienischen Film, lustig oder melodramatisch?
Leo:	Guardiamo un film comico, non ho voglia di piangere,	Schauen wir einen lustigen Film an, ich habe keine Lust,

	come **mia** madre quando guarda i film d'amore.	zu weinen wie meine Mutter, wenn sie einen Liebesfilm schaut.
Pia:	Nemmeno io, dopotutto siamo in vacanza.	Ich auch nicht, schließlich sind wir im Urlaub.

Vero o falso? (Richtig oder falsch?)

- Leo non ha la passwort.
- Il numero dell'amministratore è sul cellulare.
- L'amministratore risponde subito.
- Leo inserisce la password.
- Il computer non si collega.

Vero, falso, falso, vero, falso

Itanglese!

Mischwort: **ita**(liano e i)**nglese**

Nella lingua italiana sono entrate molte **parole inglesi**. Vediamone alcune:	Viele **englische Wörter** wurden in die italienische Sprache aufgenommen. Schauen wir uns einige davon an:
▪ il/la dirigente – il/la manager ▪ il dirigente commerciale – il sales manager ▪ la ginnastica – il fitness ▪ la palestra – lo studio di fitness/il centro fitness	▪ der/die Leiter:in – der/die Manager:in ▪ der/die kaufmännische Leiter:in – der/die Sales Manager:in ▪ das Turnen – die Fitness ▪ die Turnhalle – das Fitnessstudio
Il linguaggio del computer e dei cellulari è **quasi esclusivamente in inglese**. Negli anni '80 è arrivato il cellulare (portatile) che, nel linguaggio colloquiale, si chiamava telefonino. Adesso questo nome non si usa quasi più:	Die Computer- und Handysprache ist **fast ausschließlich auf Englisch.** In den 80er-Jahren kam das Handy (tragbares Telefon) auf, das in der Umgangssprache *telefonino* genannt wurde. Jetzt wird dieses Wort fast gar nicht mehr benutzt:
▪ il telefonino – l'i-phone/lo smartphone ▪ il messaggino – l'SMS/il WhatsApp ▪ il computer portatile – il notbook/laptop ▪ **navigare** – surfare ▪ essere in chat – chattare ▪ **collegarsi** con un link - linkare ▪ **ricercare** su google – googlare	▪ das Handy – das I-Phone/ Smartphone ▪ die *kleine* Nachricht – SMS/ WhatsApp ▪ der tragbare Computer – der Laptop ▪ **surfen** (im Internet) ▪ in einem Chat sein – chatten ▪ mit einem Link **verknüpfen** – verlinken ▪ in Google etw. **recherchieren** – googeln
La globalizzazione avanza!	**Die Globalisierung schreitet voran!**

Frasi quotidiane della tecnica (Alltagssätze zur Technik)

Italienisch	Deutsch
- Devo mettere **in carica** il mio cellulare, è **scarico**.	- Ich muss mein Handy **aufladen**, es ist **leer**.
- Lo puoi **attaccare** a quella presa.	- Du kannst es hier **anstecken**.
- Come posso collegarmi a Internet?	- Wie kann ich mich mit dem Internet verbinden?
- Deve digitare la nostra password.	- Sie müssen unser Passwort eingeben.
- Posso usare la tua stampante? Alla mia manca la cartuccia.	- Darf ich deinen Drucker benutzen? Meinem fehlt die Druckerpatrone.
- Mi dispiace ma la mia non funziona.	- Es tut mir leid, aber meiner funktioniert nicht.

Vocabolario (Vokabeln)

Italienisch	Deutsch
il cavo	das Kabel
la presa	die Steckdose
la spina	der Stecker
l'interruttore	der Schalter
accendere la luce/il televisore	Licht/Fernsehen anmachen
spegnere la luce/il televisore	Licht/Fernsehen ausmachen
il televisore	der Fernseher
guardare la televisione	fernsehen
cambiare canale	umschalten

il cellulare (anche smartphone/i-phone)	das Handy
carico/scarico	voll/leer (wörtl. „beladen/ entladen“)
mettere in carica	aufladen
il caricatore	das Ladegerät
l’applicazione	die App
il computer	der Computer
navigare su Internet	surfen
chattare	chatten
linkare	verlinken
googlare	googeln
la chiavetta USB	der USB-Stick
lo schermo	der Bildschirm
la stampante	der Drucker
stampare	drucken
la tastiera	die Tastatur
il tasto	die Taste
digitare	eingeben

Aggettivi possessivi (Possessivpronomen)

Das *aggettivo possessivo* wird in der Regel **mit Artikel** benutzt.

	mein (m/Sing)	**meine (m/Plural)**	**meine (f/Singular)**	**meine (f/Plural)**
io	il mio zaino	i miei zaini	la mia borsa	le mie borse
tu	il tuo cane	i tuoi cani	la tua casa	le tue case
lui	il suo cuscino	i suoi cuscini	la sua coperta	le sue coperte
lei	il suo libro	i suoi libri	la sua gonna	le sue gonne
Lei	il Suo conto	i Suoi conti	la Sua sedia	le Sue sedie
noi	il nostro tavolo	i nostri tavoli	la nostra chiave	le nostre chiavi
voi	il vostro gatto	i vostri gatti	la vostra collana	le vostre collane
loro	il loro giardino	i loro giardini	la loro bottiglia	le loro bottiglie

Es gibt eine Ausnahme: Wenn sich das *aggettivo possessivo* auf **Nomen der Verwandtschaft im Singular** bezieht, fällt der Artikel weg.

il marito – la moglie	der Ehemann – die Ehefrau	**mio marito – tua moglie**
il padre – la madre	der Vater – die Mutter	**nostro padre – vostra madre**
il figlio – la figlia	der Sohn – die Tochter	**suo figlio – nostra figlia**
il fratello – la sorella	der Bruder – die Schwester	**vostro fratello – sua sorella**
lo zio – la zia	der Onkel – die Tante	**mio zio – nostra zia**
il cugino – la cugina	der Cousin – die Cousine	**vostro cugino – nostra cugina**

il nonno – la nonna	der Großvater – die Großmutter	**mio nonno – tua nonna**
il nipote – la nipote (di zio e di nonno)	der Enkel/Neffe – die Enkelin/Nichte	**suo nipote – nostra nipote**
il suocero – la suocera	der Schwiegervater – die -mutter	**tuo suocero – vostra suocera**
il genero – la nuora	der Schwiegersohn – die -tochter	**mio genero – nostra nuora**
il cognato – la cognata	der Schwager – die Schwägerin	**suo cognato – sua cognata**

Achtung! *Aggettivi possessivi* mit Nomen der Verwandtschaft werden in folgenden Fällen mit Artikel genutzt:

- in der 3. Person Plural (ihr): **il loro suocero – la loro suocer**a
- bei Nomen der Verwandtschaft im Plural: **i miei zii – le vostre sorelle**
- in Kombination mit einem Adjektiv**: il mio fratello più <u>grande</u>, la tua <u>bella</u> cugina**
- **in Kombination** mit Koseformen: **il mio cuginetto, la tua nonnina**

Attività | Übungen

1. Inserisci gli aggettivi possessivi. | Setze die Possessivpronomen ein.

Es.: Noi abbiamo un cane. È _il nostro cane._

a. Mario ha un libro. È ____________________
b. Voi avete una sorella. È ____________________
c. Loro hanno una zia. È ____________________
d. Noi abbiamo due cugini. Sono ____________________
e. Io ho un nipote. È ____________________
f. Tu hai tre fratelli. Sono ____________________
g. Loro hanno una nipote. È ____________________
h. Lei ha due zie. Sono ____________________
i. Loro hanno due generi. Sono ____________________
j. Voi avete una nonna. È ____________________

2. Metti gli aggettivi possessivi | Setze die Possessivpronomen ein

il tuo	le loro	tua	i vostri	i miei	le nostre
Sua	il nostro	il suo	il loro		

a. Professor Bianchi, come sta _____ moglie?
b. Ragazzi, a che ora vengono _____ amici?
c. Finalmente stasera possiamo vedere _____ film preferito.
d. Se mi dai ____ indirizzo ti scrivo una cartolina da Firenze.
e. Non so dove sono _____ occhiali… tu lo sai?
f. Quelli sono i signori Rossi. _____ figlio abita vicino a me.
g. Luca dimentica sempre _____ ombrello.
h. Filippo e Claudio fanno una festa. ______ feste sono sempre bellissime.
i. Luca, come si chiama _____ moglie.
j. Non sappiamo se ______ amiche sono in casa.

16 Cartoline da Firenze | Postkarten aus Florenz

Dopo il film, nel tardo pomeriggio, Pia e Leo fanno una passeggiata. Si fermano per guardare le cartoline su un espositore davanti a un negozietto. **Ne** vogliono comprare qualcuna. (commessa=com.)

Nach dem Film, am späten Nachmittag, machen Pia und Leo einen Spaziergang. Vor einem kleinen Laden bleiben sie stehen und sehen sich die Postkarten an, die dort ausgestellt sind. Sie wollen welche kaufen.

Pia:	Compriamo delle cartoline. **Ne** spediamo un paio e le altre le teniamo noi.	Lass uns Postkarten kaufen. Ein paar **davon** verschicken wir, die anderen behalten wir.
Leo:	In effetti sono molto belle. Guarda queste, sono immagini ad acquerello poi stampate. Su questa c'è il Duomo… si vede la cupola del Brunelleschi e il campanile di Giotto.	Sie sind wirklich sehr schön. Schau dir die an, das sind Aquarellbilder, die dann gedruckt wurden. Auf diesem Bild ist der Dom zu sehen... Man kann Brunelleschis Kuppel und Giottos Glockenturm erkennen.
Pia:	Anche questa veduta del Ponte Vecchio è particolare. Sul fiume ci sono due barche, in	Auch diese Ansicht des Ponte Vecchio ist besonders. Auf dem Fluss sind zwei Boote, im

	primo piano un lampione.	Vordergrund ist ein Laternenpfahl.
Leo:	Qui **ci** sono le classiche… l'Arno al tramonto, Firenze di notte, cartoline con più soggetti…	Hier **sind** die Klassiker… der Arno bei Sonnenuntergang, Florenz bei Nacht, Postkarten mit mehreren Motiven…
Pia:	E quelle con i capolavori, la Venere e la Primavera del Botticelli, il Davide di Michelangelo. Ma per me le più belle sono quelle ad acquerello.	Und die mit Meisterwerken: Botticellis Venus und *Primavera*, Michelangelos David. Aber am schönsten finde ich die Aquarelle.
Leo:	Sì, sono originali. Prendiamo quelle ad acquerello per noi. Poi io **ne** spedisco una con il duomo ai miei colleghi.	Stimmt, die sind originell. Nehmen wir die Aquarellkarten für uns. Dann schicke ich eine **von denen** mit dem Dom an meine Kollegen.
Pia:	Ed io **ne** voglio mandare una alla nostra vicina che annaffia le mie piante quando non **ci** siamo.	Und ich möchte eine **davon** unserer Nachbarin schicken, die meine Pflanze gießt, während wir nicht da sind.
Prendono le cartoline ed entrano nel piccolo negozio.		*Sie holen die Karten und gehen in den kleinen Laden.*
Pia:	Prendo queste cartoline. Quant'è?	Ich hätte gern die Postkarten. Wie viel macht das?
Com.:	Allora, cinque a 1,50 euro, più 3 a 80 centesimi… 9 euro e 90 in tutto. Altro?	Also, fünf Karten à 1,50 Euro, plus drei à 80 Cent… insgesamt 9,90 Euro. Ist das alles?
Pia:	Vorremmo anche dei francobolli.	Wir hätten gern auch Briefmarken dazu.

Com.:	**Non ne ho**, dovete andare alla tabaccheria qui a sinistra. C'è anche la buca delle lettere.	**Ich habe keine**, Sie müssen in den Tabakladen auf der linken Seite gehen. Dort gibt es auch einen Briefkasten.
Leo:	Grazie mille!	Viele Dank!

Vero o falso? (Richtig oder falsch?)

- I due escono la sera tardi.
- Pia vuole spedire qualche cartolina.
- A Leo piacciono le stampe degli acquerelli.
- Ci sono cartoline di un fiume.
- Il piccolo negozio ha anche i francobolli.

Falso, vero, vero, vero, falso

Firenze (Florenz)

Firenze è un comune di circa **360.000 abitanti** ed è il **capoluogo** della Regione Toscana. La città è considerata **la culla del Rinascimento**. Già nel **Medioevo** era un importante centro artistico e politico e più tardi è diventata la capitale del Granducato di Toscana, uno degli Stati **più ricchi e moderni** del tempo, governato dai Medici. Nel 1865 è diventata capitale del Regno d'Italia (dopo Torino e prima di Roma) e lo è stata fino al 1871. È una delle capitali mondiali dell'arte e dell'architettura, grazie a personaggi del passato come Dante Alighieri, Boccaccio, Giotto, Botticelli, Leonardo da Vinci, Michelangelo, Niccolò Machiavelli, Lorenzo de' Medici, Amerigo Vespucci: ognuno di loro ha lasciato **un segno** nella storia. Firenze è **Patrimonio dell'Umanità Unesco**, ha **oltre settanta musei**, numerose chiese monumentali, giardini e parchi storici. Importante è anche l'enogastronomia, non solo a Firenze ma in tutta la Toscana, che presenta un territorio vario per strutture paesaggistiche e culturali.	Florenz ist eine Gemeinde mit etwa **360.000 Einwohnern** und die **Hauptstadt** der Region Toskana. Die Stadt gilt als **Wiege der Renaissance**. Bereits im **Mittelalter** war sie ein wichtiges Zentrum für Kunst und Politik und wurde später zur Hauptstadt des Großherzogtums Toskana, eines der **reichsten und modernsten** Staaten jener Zeit, regiert von den Medicis. Im Jahr 1865 wurde sie Hauptstadt des Königsreichs Italien (nach Turin und vor Rom) und war es bis ins Jahr 1871. Sie ist eine der Kunst- und Architekturhauptstädte der Welt, auch dank berühmter historischer Persönlichkeiten wie Dante Alighieri, Boccaccio, Giotto, Botticelli, Leonardo da Vinci, Michelangelo, Niccolò Machiavelli, Lorenzo de' Medici und Amerigo Vespucci: Jeder von ihnen hinterließ **eine Spur** in der Geschichte. Florenz ist **UNESCO-Weltkulturerbe**, hat **über siebzig Museen**, zahlreiche monumentale Kirchen, historische Gärten und Parks. Wichtig ist auch die Wein-Gastronomie, nicht nur in Florenz, sondern in der gesamten Toskana, die über vielfältige landschaftliche und kulturelle Strukturen verfügt.

Frasi quotidiane all'ufficio postale (Alltagssätze im Postamt)

- Buongiorno, **vorrei spedire** queste cartoline.
- Dove? In Italia o all'estero?
- **Devo spedirle** in Germania.

- Guten Morgen, **ich möchte** diese Postkarten **verschicken.**
- Wohin? Nach Italien oder ins Ausland?
- **Ich muss sie** nach Deutschland **schicken**.

- Vorrei spedire **questo pacco per posta prioritaria.**
- Deve **riempire** questo modulo. Deve **scrivere** l'indirizzo del destinatario e anche quello del mittente.

- Ich möchte **dieses Paket per Eilpost** verschicken.
- Sie müssen dafür dieses Formular **ausfüllen**. Sie müssen die Adresse des Empfängers und auch die des Absenders **hinschreiben**.

Vocabolario (Vokabeln)

Italienisch	Deutsch
la cartolina	die Postkarte
la lettera	der Brief
la busta	der Umschlag
il francobollo	die Briefmarke
il pacco	das Paket
la spedizione	die Sendung
la raccomandata	das Einschreiben
con ricevuta di ritorno	mit Rückschein
posta prioritaria	Eilpost
il modulo di spedizione	das Versandformular
il mittente	der Absender
il destinatario	der Empfänger
la tabaccheria	der Tabakladen
la buca delle lettere	der Briefkasten

Particelle pronominali *ci* e *ne* (Pronominaladverbien *ci* und *ne*)

Pronominaladverbien ersetzen einen Teil des Satzes.

Pronominaladverb *ci*

Ci ersetzt den Ort.

- Quando vai **in palestra**? - **Ci** vado stasera (in palestra).	- Wann gehst du **ins Fitness-studio?** - Heute Abend **gehe ich (da-hin).**
- Nel parco **ci sono** molti al-beri. **C'è** anche un laghetto. (Gli alberi sono presenti nel parco. Il laghetto è presente nel parco)	- Im Park **(da) sind** viele Bäume. **(Da) ist** auch ein kleiner See. (Die Bäume und der kleine See befinden sich im Park.)

Ci wird mit Verben verwendet, die die Präpositionen *a, con, su* nach sich ziehen, und **ersetzt Dinge oder Personen**, von denen schon **gesprochen** wurde.

- riuscire **a fare qualcosa** (etwas schaffen/jemandem gelingen)
- provare **a fare qualcosa** (versuchen, etwas zu tun)
- scommettere **su** qualcosa o qualcuno (auf etwas/jemanden wetten)

- Pietro è simpatico, **ci** gioco sempre a carte. (gioco con lui)	- Pietro ist sympathisch, **mit ihm spiele** ich immer Kar-ten.
- Cosa fai **con le uova?** - **Ci faccio** una frittata.	- Was machst du mit den Ei-ern? - Damit mache ich Rührei.

- Devo cambiare una lampada ma non **ci** riesco. È troppo in alto. Mi aiuti? - **Ci** provo, non so se **ci** riesco.	- Ich muss eine Glühbirne wechseln, **aber das schaffe** ich nicht. Es ist zu hoch. Hilfst du mir? - Ich **versuche es**, ich weiß nicht, ob iche es schaffe.
- Non hai fatto i compiti, vero? **Ci** scommetto….	- Du hast keine Hausaufgaben gemacht, oder? **Darauf wette** ich….

Pronominaladverb *ne*

Ne ersetzt eine Menge.

- **Quanti anni** ha tua sorella? - **Ne** ha 27 (ha 27 anni).	- Wie alt ist deine Schwester? - Sie ist 27 (wörtl. „Wie viele Jahre hat sie?")
- Mi piacciono **le mele**. **Ne mangio** almeno due al giorno.	- Ich mag Äpfel. Ich **esse (davon)** mindestens zwei am Tag.
- **Quanti** libri **leggi?** - **Ne** leggo **molti**.	- Wie viele Bücher liest du? - Ich lese viele (davon).

Ne wird mit Verben verwendet, die die Präposition *di* nach sich ziehen und ersetzt Dinge oder Personen, von denen schon gesprochen wurde.

- parlare di

- Chiara vuole molto bene ai suoi amici. **Ne parla** sempre (di loro).	- Chiara mag ihre Freunde sehr. Sie spricht immer von ihnen.

Achtung! *tutto/tutta/tutti/tutte* verlangen (alle) lo/la/li/le!

1. *Ne* o (oder) *lo/la/li/le*? *Ne* oder *lo/la/li/le*?

a. Voglio comprare delle fragole. ____ prendo mezzo chilo.
b. Belle queste fragole. ____ voglio preparare con il limone.
c. Quei ragazzi ____ vedo sempre quando escono da scuola.
d. In quella scuola ci sono moti studenti. ____ vedo sempre alcuni quando escono da scuola.
e. A Patrizia è piaciuta molto la vacanza. ____ parla in continuazione.
f. _____ vedi quel bambino? È il figlio di mia sorella.
g. Se vai al supermercato, compri la pasta? – Sì, come ____ prendo?
h. Quando leggi quel libro? - ____ porto in vacanza,
i. C'è rimasta solo una mela… ____ mangio io o ____ mangiamo mezza per uno?
j. Ti piacciono gli zucchini? – Non ____ mangio volentieri.

2. Collega le frasi e inserisci *ci, ne* o *lo/la/li/le.* | Verbinde die Sätze und ergänze *ci, ne* oder *lo/la/li/le.*

1. Quando incontri i tuoi amici?
2. Compri tu le mele?
3. Bella Firenze!
4. Sai riparare il mio computer?
5. L'insegnante ci ha dato tanti esercizi…
6. Quando vai dai tuoi genitori?
7. Come sono queste fragole?
8. Ma quanto i bicchieri di vino hai bevuto?!
9. Oggi incontro Giulia e Fabrizio…
10. Dov'è la bottiglia?

- A. Se vuoi imparare ____ devi fare molti.
- B. ____ provo ma non so se ____ riesco.
- C. ____ vado la prossima settimana
- D. ____ ho bevuto solo uno. ____ giuro!
- E. Eh sì! ____ vado spesso.
- F. Ecco____ qui!
- G. ____ vedo domani.
- H. Sì, quante ____ prendo?
- I. Buone! ___ assaggi una. (probieren Sie)
- J. ____ saluti da parte mia?

17 In mezzo alla natura | In der Natur

Gli amici italiani **hanno organizzato** tre giorni sulla montagna pistoiese, precisamente in Val di Luce. **Hanno prenotato** un albergo e **hanno pensato** di fare una camminata di circa tre ore fino a Lago Nero. Pia e Leo **hanno comprato** degli scarponi da trekking.

Die italienischen Freunde **haben** drei Tage in den Bergen von Pistoia **organisiert**, genauer gesagt im Val di Luce. Sie **haben** ein Hotel **gebucht** und **sich überlegt,** eine etwa dreistündige Wanderung zum Lago Nero zu machen. Pia und Leo **haben** Wanderschuhe **gekauft**.

Leo:	Siamo sull'Appennino Tosco-Emiliano, vero?	Wir befinden uns im toskanisch-emilianischen Apennin, oder?
Luca:	Esatto! Infatti **siamo entrati** in Emilia-Romagna e adesso siamo di nuovo in Toscana. Ecco il lago.	Genau! In der Tat **sind** wir in der Emilia-Romagna **gestartet** und nun sind wir wieder in der Toskana. Da ist der See.
Pia:	Lago Nero? Perché ha questo nome?	Schwarzer See? Warum hat er diesen Namen?
Luca:	È un lago di origine glaciale, le sue acque sono profonde e fredde. I monti intorno provocano un riflesso scuro sulle acque, da qui il nome.	Es ist ein See aus der Eiszeit, das Wasser ist tief und kalt. Die umliegenden Berge spiegeln sich dunkel auf dem Wasser, daher der Name.

Anna:	Quassù è più fresco che a Firenze ma è una bellissima giornata di sole. Adesso ci sediamo sull'erba e mangiamo qualcosa. Qui ci sono i panini che **abbiamo comprato** stamattina. Luca, l'acqua è nel tuo zaino, vero?	Hier oben ist es kühler als in Florenz, aber es ist ein wunderschöner, sonniger Tag. Setzen wir uns ins Gras und essen was. Hier sind die Brötchen, die wir heute früh **gekauft haben**. Luca, das Wasser ist in deinem Rucksack, oder?
Luca:	Leo ed io abbiamo ancora quattro borracce d'acqua. Pia ha un po' di frutta.	Leo und ich haben noch vier Wasserflaschen. Pia hat etwas Obst.
Pia:	Sì, nel mio zaino ci sono delle mele e delle banane. Per fortuna **siamo partiti** presto, così possiamo restare un po' qui, ci riposiamo e poi ripartiamo.	Ja, in meinem Rucksack sind Äpfel und Bananen. Zum Glück **sind** wir früh **losgegangen**, so können wir eine Weile hierbleiben, uns ausruhen und dann wieder losgehen.
Mentre mangiano parlano.		*Beim Essen unterhalten sie sich.*
Luca:	Quando ripartite?	Wann fahrt ihr wieder zurück?
Leo:	**Abbiamo pensato** di partire fra due o tre giorni. Quando torniamo a Firenze, prendiamo i biglietti.	Wir **haben** uns **überlegt**, in zwei, drei Tagen zu fahren. Wenn wir nach Floren zurückkommen, kaufen wir die Fahrkarten.
Anna:	Rientrate subito al lavoro?	Kehrt ihr sofort zur Arbeit zurück?
Pia:	Lunedì, non domani l'altro, naturalmente quello dopo.	Am Montag - natürlich nicht übermorgen, sondern den darauf.

Leo:	Ehi, **avete visto**? Una marmotta....	Hey, **habt ihr gesehen**? Ein Murmeltier...

Vero o falso? (Richtig oder falsch?)

- Hanno fatto una lunga camminata.
- Le acque del lago non sono molto profonde.
- Nello zaino di Luca c'è la frutta.
- Pia ha la frutta.
- Leo vede una marmotta.

Vero, falso, falso, vero, vero

Alpi e Appennini (Alpen und Apennin)

<table>
<tr>
<td>Sono due le catene montuose che si trovano in Italia: le Alpi e gli Appennini.
Le Alpi si sviluppano come un arco dalla Francia alla Slovenia e segnano il confine dell'Italia con Francia, Svizzera, Lichtenstein. Austria, Germania e Slovenia. Si estendono per circa 1200 chilometri. La cima più alta è il Monte Bianco (4810 m.).
Per memorizzare i nomi delle Alpi italiane i bambini imparano a scuola una frase:
„Ma con gran pena le reca giù".
▪ Ma – Marittime
▪ con – Cozie
▪ gran – Graie
▪ pena – Pennine
▪ le – Lepontine
▪ re-ca – Retiche e Carniche
▪ giù – Giulie.</td>
<td>Es gibt zwei Gebirgszüge in Italien: die Alpen und den Apennin.

Die Alpen erstrecken sich wie ein Bogen von Frankreich bis Slowenien und bilden die Grenze Italiens mit Frankreich, der Schweiz, Lichtenstein, Österreich, Deutschland und Slowenien. Sie erstrecken sich über 1200 Kilometer. Der höchste Berg ist der Mont Blanc (4810 m.).
Um sich die Namen der italienischen Alpen zu merken, lernen die Kinder in der Schule einen Satz:
„Aber mit großen Leid bringt er sie runter"
(vgl. italienischer Text)</td>
</tr>
<tr>
<td>Gli Appennini scendono per circa 1200 chilometri dal Nord al Sud della penisola italiana e la dividono praticamente in due. Da Nord a Sud si parla di Appennino Settentrionale, Centrale e Meridionale. Sono la colonna vertebrale della penisola. I monti degli Appennini sono più bassi delle montagne alpine, il più alto è il Corno Grande (2912 m.) che fa parte del Massiccio del Gran Sasso.</td>
<td>Der Apennin erstreckt sich auf der italienischen Halbinsel etwa 1.200 km von Norden nach Süden und teilt sie praktisch in zwei Teile. Vom Norden nach Süden betrachtet, spricht man von nördlichem, zentralem- und südlichem Apennin. Er ist die Wirbelsäule der Halbinsel. Der Apennin ist nicht so hoch wie die Alpen; der höchste Berge ist der Corno Grande (2912 m.), der Teil des Gran-Sasso-Massivs ist.</td>
</tr>
</table>

Frasi quotidiane in montagna (Alltagssätze in den Bergen)

- Ti piace sciare?
- **Non so sciare** ma mi piace molto la montagna.

- Fährst du gern Ski?
- **Ich kann nicht Ski fahren**, aber ich mag Berge sehr.

- **Cosa fai volentieri** in montagna?
- Faccio molte camminate, mi piace il silenzio.

- **Was machst du gern** in den Bergen?
- Ich wandere viel, ich mag die Stille.

Vocabolario (Vokabeln)

Italienisch	Deutsch
la montagna	der Berg/das Gebirge
la neve	der Schnee
lo sci di fondo	das Langlaufen
lo sci alpino	das Skifahren
la camminata	die Wanderung
l'arrampicata	das Klettern
gli scarponi	Wanderschuhe
il bastone	der Stock
il lago	der See
il laghetto	der kleine See
acqua dolce	Süßwasser
il mare	das Meer
acqua salata	Salzwasser
la spiaggia	der Strand
la sabbia	der Sand
la barca	das Boot

il gommone	das Schlauchboot
la collina	der Hügel
il verde	das Grüne
gli alberi	die Bäume
la campagna	das Land
il prato	die Wiese
l'erba	das Gras
il fiore	die Blume
il contadino	der Bauer

Passato prossimo (Perfekt)

Passato Prossimo ist eine **zusammengesetzte Vergangenheits**form und wird mit den **Hilfsverben *essere*** (sein) und ***avere*** (haben) gebildet (vgl. Kapitel 3: Konjugation der Verben).

HILFSVERB (Präsens)+Partizip II

Das Partizip der Verben mit der Endung *-are* endet auf *-ato*, der Verben mit *-ere* auf *-uto* und der Verben mit *-ire* auf *-ito*.

-are/-**ATO**	-ere/**-UTO**	-ire/-**ITO**
mangiATO	ricevUTO	finiTO
(mangiare)	(ricevere)	(finire)

Passato prossimo mit *essere* (sein)

Folgende Verben werden mit dem Hilfsverb *essere* (sein) gebildet:

- Verben der Bewegung (andare, tornare, venire…)
- Verben des Zustands (essere, rimanere, stare…)
- Reflexive Verben (addormentarsi, lavarsi, svegliarsi…)

Alle anderen Verben werden mit *avere* (haben) gebildet.

Das Partizip Perfekt muss bei Verben, die mit *essere* (sein) gebildet werden, an Geschlecht und Anzahl angeglichen werden.

-are/-ATO **andare**	**-ere/-UTO** **cadere**	**-ire/-ITO** **partire**
io sono andat**o/a**	io sono cadut**o/a**	io sono partit**o/a**
tu sei andat**o/a**	tu sei cadut**o/a**	tu sei partit**o/a**
lui è andat**o**	**lui** è cadut**o**	**lui** è partit**o**
lei è andat**a**	**lei** è cadut**a**	**lei** è partit**a**
noi siamo andat**i/e**	noi siamo cadut**i/e**	noi siamo partit**i/e**
voi siete andat**i/e**	voi siete cadut**i/e**	voi siete partit**i/e**
loro sono andat**i/e**	loro sono cadut**i/e**	loro sono partit**i/e**

Einige unregelmäßige Verben mit *essere* (sein):

- essere (sein): **stato/a**
- rimanere (bleiben): **rimasto**
- nascere (geboren werden): **nato**
- venire (kommen): **venuto**

Passato prossimo mit *avere* (haben)

- Cosa **hai mangiato** ieri sera? - **Ho mangiato** la pasta.	- Was hast **du** gestern Abend **gegessen**? - Ich **habe** Pasta **gegessen**.
- **Avete ricevuto** la mia lettera? - Non **abbiamo ricevuto** niente.	- **Habt ihr** meinen Brief **bekommen?** - Wir haben nichts bekommen.
- **Hanno finito** di mangiare? - Sì, **hanno** appena **finito.**	- **Haben sie fertig** gegessen? - Ja, sie **sind** gerade **fertig geworden.**

Einige unregelmäßige Verben mit *avere* (haben):

- accendere (einschalten/anmachen): **acceso**
- aprire (öffnen): **aperto**
- chiudere (schließen): **chiuso**
- dire (sagen): **detto**
- fare (machen): **fatto**
- leggere (lesen): **letto**
- mettere (stellen/legen): **messo**
- perdere (verlieren): **perso**
- prendere (nehmen): **preso**
- rispondere (antworten): **risposto**
- scrivere (schreiben): **scritto**
- vedere (sehen): **visto**

Attività | Übungen

1. Dal presente al passato prossimo. | Vom Präsens ins Passato Prossimo.

a. Luca va al cinema. ________________________________

b. Mangi al ristorante? ________________________________

c. Maria e Chiara vengono domani. ____________________ieri.

d. I bambini cadono in terra. ________________________________

e. Perché non leggete il giornale? ________________________

f. Stasera incontro Caterina alla festa. Ieri sera ________________

g. Oggi lei non torna a casa tardi. Ieri ____________________

h. Rimani a pranzo? ________________________________

i. Domani partiamo per le vacanze. Un mese fa________________

j. Capiscono bene il passato prossimo. ____________________

2. Collega le frasi. Due frasi hanno più possibilità. | Verbinde die Sätze. Bei zwei Sätzen gibt es mehrere Möglichkeiten.

1. Filippo e Mirella sono
2. Al supermercato mio zio ha
3. Per il suo compleanno gli amici hanno
4. I miei vicini sono
5. Oggi l'insegnante ha
6. Le bambine sono
7. A che ora siete

- o A. spiegato i pronomi.
- o B. entrate a scuola in ritardo.
- o C. partiti?
- o D. andati al ristorante.
- o E. organizzato una festa a sorpresa.
- o F. comprato il pane
- o G. tornati ieri dalle vacanze.

18 Souvenir | Andenken

La vacanza è finita. Domani Pia e Leo prendono il treno e ritornano a casa. Hanno già salutato gli amici e oggi sono alla ricerca di un ricordino di Firenze. In Piazza San Lorenzo, hanno visitato il mercato al coperto, dove hanno mangiato qualcosa, e adesso passeggiano al mercato all'aperto.

Der Urlaub ist vorbei. Morgen nehmen Pia und Leo den Zug und fahren nach Hause zurück. Sie haben sich schon von den Freunden verabschiedet und heute sind sie auf der Suche nach einem florentinischen Andenken. Auf dem Platz San Lorenzo haben sie die Markthalle besucht, wo sie etwas gegessen haben, und nun spazieren sie im Freien über den Markt.

Pia:	Questo è il mercato più caratteristico della città, qui potremmo comprare qualcosa di tipico.	Das ist der authentischste Markt der Stadt, hier könnten wir etwas Typisches kaufen.
Leo:	Cos'è tipico di Firenze?	Was ist typisch für Florenz?
Pia:	Ho letto da qualche parte che sono molto belli gli articoli in pelle. Poi c'è un tipo di carta che si chiama appunto *fiorentina.*	Ich habe irgendwo gelesen, dass die Lederartikel sehr schön sind. Dann gibt es auch ein spezielles florentinisches Papier.
Leo:	Cos'ha di speciale questa carta?	Was ist das Besondere an diesem Papier?

Pia:	È decorata con particolari disegni e con il giglio fiorentino.	Es ist mit besonderen Zeichnungen und der florentinischen Lilie verziert.
Leo:	Si sente già l'odore della pelle. **Vorrei** comprare un giubbotto. Chissà quanto costano…	Man riecht schon das Leder. **Ich würde gern** eine Lederjacke kaufen. Wer weiß, was die kosten….
Pia:	Ed io una bella borsa!	Und ich eine schöne Tasche!
Si avvicinano a una bancarella.		*Sie nähern sich einem Stand.*
Leo:	Salve, **vorrei** un giubbotto di pelle.	Hallo, **ich würde gern** eine Lederjacke haben.
Vend.:	Per Lei? Ne abbiamo tantissimi… come lo preferisce, con la cerniera, con i bottoni, lungo, corto…?	Für Sie? Wir haben jede Menge (davon)… Was möchten Sie, eine mit Reißverschluss, mit Knöpfen, lang, kurz…?
Leo:	Mi **piacerebbe** questo corto, con la cerniera.	Mir **würde** diese kurze **gefallen**, mit dem Reißverschluss.
Vend.:	Questo è nuovissimo. Vuole provarlo?	Die ist ganz modern. Möchten Sie sie anprobieren?
Leo:	Sì, grazie… mi piace, lo prendo. Pia, hai trovato la borsa?	Ja, bitte… Sie gefällte mir, ich nehme sie. Pia, hast du die Tasche gefunden?
Pia:	Mi piace questa, ma la **vorrei** in color cuoio. E mi **piacerebbe** anche un portafoglio da abbinare alla borsa.	Die gefällt mir, aber **ich möchte** sie lederfarbig. Und **ich hätte** auch gern ein Portemonnaie, das zur Tasche passt.

Vend.:	Ne è rimasta una in cuoio. E abbiamo anche un bel portafoglio.	Es ist noch eine lederfarbene übrig. Und dazu haben wir auch ein schönes Portemonnaie.

Vero o falso? (Richtig oder falsch?)

- I due hanno mangiato al mercato all'aperto.
- Ci sono articoli in pelle fiorentina.
- Leo vuole un giubbotto.
- Lo vuole con i bottoni.
- Pia preferisce una borsa nera.

Falso, falso, vero, falso, falso

Il mercato di San Lorenzo (Der Markt von San Lorenzo)

È sicuramente **un'esperienza unica**. È diviso in due parti: il mercato centrale, al chiuso e un mercato all'aperto. Il primo è dedicato **ai prodotti alimentari**. È possibile trovare **tutte le specialità fiorentine e toscane**. Se si vuole, ci si può sedere e assaporare i prodotti enogastronomici locali. **È un'esperienza sensoriale** da provare.	Er ist definitiv **ein einzigartiges Erlebnis**. Er ist in zwei Teile unterteilt: den zentralen Markt (drinnen) und einen Markt im Freien. Der erste ist **den Lebensmitteln** gewidmet. Man kann dort alle **florentinischen und toskanischen Spezialitäten** finden. Wenn man mag, kann man sich hinsetzen und das regionale Essen und Trinken genießen**. Es ist ein Erlebnis für die Sinne**, das man ausprobieren muss.
Quando si esce, ci si trova in mezzo a bancarelle che offrono **manufatti in ceramica**, abiti, pelletteria e souvenir. Da pochi euro per una **calamita di Firenze** a cento e più euro per un **giacchetto in pelle**.	**Wenn man hinausgeht**, befindet man sich inmitten von Ständen, die **Keramikwaren**, Kleidung, Lederwaren und Souvenirs anbieten. Für Preise von ein paar Euro für einen **Florenz-Magneten** bis hin zu hundert und mehr Euro für eine **Lederjacke**.
E se l'oggetto che volete non è esposto, il venditore vi porta **nel magazzino** lì vicino. **Trattare** è permesso, anche in inglese.	Und wenn das, was Sie wollen, nicht ausgestellt ist, bringt der Verkäufer Sie **ins Lager** in der Nähe. **Handeln** ist erlaubt, sogar auf Englisch.

Frasi quotidiane al mercato (Alltagssätze auf dem Markt)

- Vorrei provare **quel giubbotto di pelle.**	- Ich möchte die **Lederjacke** anprobieren.
- Quale, quello nero?	- Welche, die schwarze?
- No, quello marrone.	- Nein, die braune.
- Prego, lo provi pure.	- Bitte schön, probieren Sie sie ruhig.
- Grazie.	- Danke.

- Ha una **taglia più piccola**?	- Haben Sie eine **kleinere Größe**?
- Mi dispiace, in marrone ho solo questo.	- Tut mir leid, in Braun habe ich nur diese.
- Quello nero non mi piace.	- Die schwarze mag ich nicht.
- Se ha tempo può tornare domani. Sicuramente abbiamo qualcosa in magazzino.	- Wenn Sie Zeit haben, können Sie morgen wiederkommen: Sicher haben wir etwas im Lager.
- Purtroppo domani torniamo a casa. Peccato!	- Morgen fahren wir leider nach Hause. Schade!

Vocabolario (Vokabeln)

Italienisch	Deutsch
la biancheria intima	die Unterwäsche
da uomo	für den Mann
da donna	für die Frau
da bambino	für das Kind
le mutande	die Unterhose
gli slip	der Slip
il reggiseno	der BH
la canottiera	das Unterhemd
i calzini	die Socken
le calze	die Strumpfhose
i pantaloni	die Hose
la gonna	der Rock
il maglione	der Pulli
la maglietta	das T-Shirt
la camicia…	das Hemd
…a maniche lunghe	langärmlig
…a maniche corte	kurzärmlig
…a righe	gestreift
…a quadri/quadretti	kariert/mit kleinen Karos
la camicetta……	die Bluse
di cotone	aus Baumwolle
…di seta	aus Seide
…di lino	aus Leinen
…fantasia	gemustert
…a tinta unita	einfarbig
la sciarpa	der Schal

lo scialle	der Schultertuch
il giubbotto…	die Jacke (Jäckchen)
…di pelle	aus Leder
…di jeans	aus Jeans-Stoff
…con la cerniera	mit Reißverschluss
…con i bottoni	mit Knöpfen
la giacca…	das Sakko/die Jacke
…elegante	elegant
…sportiva	sportlich
la cintura	der Gürtel
le scarpe…	die Schuhe
…di pelle	aus Leder
…a tacco alto/basso	mit hohem/niedrigem Absatz
i sandali	die Sandalen
gli stivali	die Stiefel
gli stivaletti	die Stiefeletten
le ciabatte	die Hausschuhe
la borsa	die Tasche
…a tracolla	Umhängetasche
…con i manici	Tasche mit Henkeln
la borsetta	die Handtasche
il portafoglio	die Geldtasche
la collana	das Collier
la catenina…	die Halskette
…d'oro	aus Gold
…d'argento	aus Silber
il braccialetto	das Armband
il bracciale	der Armreif
l'anello	der Ring

gli orecchini	die Ohrringe
l'orologio da polso	die Armbanduhr

Condizionale presente (Konjunktiv II)

Der *Condizionale presente* wird verwendet, um

- einen Wusch auszudrücken
- höflich nach etwas zu fragen
- eine Vermutung auszudrücken.

Die Verben mit *-are*, *-ere* und *-ire* werden folgendermaßen gebildet:

-are: comprare (kaufen):
comprAre>comprEr + ei, esti, ebbe, emmo, este, ebbero
-ere: prendere (nehmen)
prender + ei, esti, ebbe, emmo, este, ebbero
-ire: dormire (schlafen)
dormir + ei, esti, ebbe, emmo, este, ebbero

-are comprare (kaufen)	-ere prendere (nehmen)	-ire dormire (schlafen)
compre**rei**	prende**rei**	dormi**rei**
compre**resti**	prende**resti**	dormi**resti**
compre**rebbe**	prende**rebbe**	dormi**rebbe**
compre**remmo**	prende**remmo**	dormi**remmo**
compre**reste**	prende**reste**	dormi**reste**
compre**rebbero**	prende**rebbero**	dormi**rebbero**

Einige unregelmäßige Verben:

- andare (gehen): **andrei**
- sapere (wissen): **saprei**
- dare (geben): **darei**
- dovere (müssen): **dovrei**
- potere (dürfen, können): **potrei**
- stare (bleiben): **starei**
- fare (machen): **farei**
- dire (sagen): **direi**
- venire (kommen): **verrei**
- rimanere (bleiben): **rimarrei**
- volere (wollen): **vorrei**

Die Konjugation von *essere* (sein) und *avere* (haben):

essere	avere
sarei	avrei
saresti	avresti
sarebbe	avrebbe
saremmo	avremmo
sareste	avreste
sarebbero	avrebbero

1. Coniuga al condizionale. | Konjugiere die Verben im *Condizionale presente*.

	io	tu	lui/lei	noi	voi	loro
andare	andrei		andrebbe			andrebbero
fare		faresti		faremmo		
dovere					dovreste	
essere			sarebbe	saremmo		
avere	avrei					avrebbero
volere		vorresti			vorreste	
potere			potrebbe	potremmo		
rimanere		rimarresti			rimarreste	
venire	verrei			verremmo	verreste	

2. Inserisci i verbi al condizionale. | Setze die Verben im *Condizionale presente* ein.

a. Scusi, (Lei-potere) ______________________ chiudere la finestra?
b. Oggi non (io-lavorare) ______________________. Ma devo!
c. (voi-rimanere) ______________________ ancora un po' con me?
d. (io-aiutare) ti ______________________ volentieri, ma devo proprio andare.
e. (noi-volere) _______________ telefonare a Marco, ma non abbiamo il numero.
f. Per superare l'esame, lui (dovere) ______________________ studiare.
g. Oggi è un po' freddo. Noi (accendere) ____________________ il riscaldamento.
h. Scusa, (tu-spostarsi) ______________________. Non vedo niente.
i. Andate al cinema? (venire) ______________________ anche noi, se non vi dispiace.
j. (tu-avere) ______________________ un po' di tempo?

19 Ciao Italia | Auf Wiedersehen, Italien!

Leo ha comprato i biglietti per il ritorno. Il treno parte alle 10:55 e arrivano a Francoforte alle 21:08. Devono cambiare due volte, la prima a Milano, poi a Zurigo. Adesso stanno facendo il check out.

Leo hat die Fahrkarten für die Rückfahrt gekauft. Der Zug fährt um 10.55 Uhr ab und sie kommen um 21:08 Uhr in Frankfurt an. Diesmal müssen sie zweimal umsteigen, das erste Mal in Mailand, dann in Zürich. Nun sind sie beim Check-out.

Leo:	Buongiorno! Vorremmo fare il check-out.	Guten Morgen! Wir möchten auschecken.
Amm:	Buongiorno, come vi siete trovati? Tutto a posto?	Guten Morgen, wie hat es Ihnen gefallen? War alles in Ordnung?
Pia:	**Era** tutto perfetto, grazie.	**Es war** alles perfekt, Danke.
Amm:	Perfetto! Adesso devo mandare un incaricato a controllare lo stato dell'appartamento. È una procedura molto veloce. Se tutto è in ordine, registriamo la riconsegna delle chiavi, vi consegniamo la ricevuta dell'avvenuto pagamento e potrete andare. Mi date le chiavi, per favore?	Perfekt! Ich muss einen dafür verantwortlichen Mitarbeiter schicken, um den Zustand des Appartments zu überprüfen. Das geht ganz schnell. Wenn alles in Ordnung ist, verbuchen wir die Schlüsselübergabe, geben Ihnen die Zahlungsbestätigung und Sie können gehen. Geben Sie mir

		bitte den Schlüssel?
Leo:	Oh, scusi! Eccole, prego!	Oh, entschuldigen Sie! Hier ist er, bitte schön!
Durante il controllo, Leo e Pia parlano con l'amministratore.		*Während der Überprüfung unterhalten sich Leo und Pia mit dem Verwalter.*
Amm.:	Vi è piaciuta la città? Siete stati in altri posti?	Hat Ihnen die Stadt gefallen? Waren Sie an anderen Orten?
Leo:	Abbiamo visto molto, grazie anche ai nostri amici italiani.	Wir haben viel gesehen, auch Dank unserer italienischen Freunde.
Pia.:	Firenze e tutta la Toscana sono veramente belle.	Florenz und die ganze Toskana sind wirklich schön.
Amm.:	Parlate molto bene l'italiano…	Sie sprechen sehr gut Italienisch…
Leo:	Pia è mezza italiana, io lo studio da quando la conosco.	Pia ist Halbitalienerin, ich lerne es, seit ich sie kenne.
Amm.:	Io, invece, parlo pochissimo tedesco, solo un paio di parole per lavoro. Mi ricordo che quando **ero** piccolo, al mare ho conosciuto un ragazzino tedesco. **Giocavamo** sempre insieme sulla spiaggia, io **chiedevo** in italiano e lui **rispondeva** in tedesco… stranamente ci **capivamo**. **Aveva** la mia stessa età ed era di Monaco, mi pare… **veniva** tutti gli anni in vacanza a Forte dei Marmi ed io **ero** sempre molto	Ich hingegen spreche sehr wenig Deutsch, nur ein paar Wörter für die Arbeit. Ich erinnere mich, dass ich, als ich ein Kind **war,** am Meer einen deutschen Jungen kennengelernt habe. **Wir spielten** immer gemeinsam am Strand, ich **fragte** auf Italienisch und er **antwortete** auf Deutsch… Komischerweise **verstanden wir uns**. Er **war** im gleichen Alter wie ich und war aus München, denke ich… Er

	contento quando **arrivava**… **stava** quasi un mese…	**kam** jedes Jahr in den Urlaub nach Forte dei Marmi und ich **war** immer sehr froh, als er **ankam**… Er **blieb** fast einen Monat…
Leo:	Poi non è più venuto?	Dann ist er nicht mehr gekommen?
Amm.:	E chi lo sa? Io non l'ho più visto.	Wer weiß? Ich habe ihn nie wiedergesehen.
Pia:	Da piccola **parlavo** molto con il nonno italiano… **facevamo** sempre dei giochi in italiano, mi ha insegnato molto.	Als Kind **unterhielt** ich mich viel mit meinem italienischen Großvater. Wir **machten** immer Spiele auf Italienisch, er hat mir viel beigebracht.
Amm.:	Da piccoli è più facile imparare le lingue! Ecco l'incaricato del controllo. Mi fa cenno che è tutto a posto. Ecco i vostri documenti. Buon viaggio e tornate presto, vi aspettiamo.	Als Kind ist es einfacher, Sprachen zu lernen! Da kommt der Kontrollbeauftragte. Er nickt, dass alles in Ordnung ist. Hier sind Ihre Dokumente. Gute Reise und kommen Sie bald wieder, wir erwarten Sie.
Leo:	Sicuramente. È stata proprio una bella vacanza. Arrivederci!	Aber sicher. Es war ein wirklich schöner Urlaub. Auf Wiedersehen!

Vero o falso? (Richtig oder falsch?)

- Il treno parte da Firenze alle 21:08.
- Si sono trovati molto bene nell'appartamento.
- Non hanno visto molto.
- Il bambino tedesco veniva sempre al mare in Italia
- C'è un problema con l'appartamento.

Falso, vero, falso, vero, falso

Versilia

La Versilia è **una zona della Toscana** che fa parte della provincia di Lucca. Si estende dalle Alpi Apuane, note per **le cave di marmo**, fino al mare, dove si trovano Pietrasanta, Forte dei Marmi, Viareggio e Torre del Lago. Oltre che **un centro balneare**, Viareggio è importante anche per **i cantieri navali**, dove si costruiscono imbarcazioni di lusso. Forte dei Marmi prende il nome da uno storico fortino di difesa e dai marmi che proprio da qui partivano via mare per altri Paesi. Pietrasanta è ***la città del marmo***: qui la lavorazione del marmo ha una tradizione secolare e negli ultimi anni la cittadina è diventata un museo a cielo aperto, con tantissime esposizioni di arte contemporanea.	Versilia ist **ein Gebiet in der Toskana**, das zur Provinz Lucca gehört. Es erstreckt sich von den Apuanischen Alpen, die für ihre **Marmorbrüche** bekannt sind, bis zum Meer, wo sich Pietrasanta, Forte dei Marmi, Viareggio und Torre del Lago befinden. Viareggio ist nicht nur **ein Badeort**, sondern auch ein **wichtiger Standort für Werften**, in denen Luxusboote und Yachten gebaut werden. Forte dei Marmi ist nach einer historischen Verteidigungsanlage und dem Marmor benannt, der von hier aus auf dem Seeweg in andere Länder verschifft wurde. Pietrasanta ist ***die Stadt des Marmors***: hier hat die Marmorverarbeitung eine jahrhundertalte Tradition und in den letzten Jahren ist die kleine Stadt zu einem Freilichtmuseum mit sehr vielen Ausstellungen zeitgenössischer Kunst geworden.
Torre del Lago si affaccia sul lago di Massaciuccoli: anticamente c'era **una torre proprio sul lago**. Sul lago c'è Villa Puccini, residenza del compositore Giacomo Puccini, che qui **ha composto tante delle sue opere**.	Torre del Lago blickt auf den Massaciuccoli-See: Früher gab es **einen Turm direkt am See**. Am See liegt die Villa Puccini, Residenz des Komponisten Giacomo Puccini, der hier **viele seiner Werke komponiert hat**.

Frasi quotidiane al check out (Alltagssätze beim Checkout)

È tutto **a posto**.	Es ist alles **in Ordnung**.
C'è un **vetro rotto**.	Da ist eine **kaputte Fensterscheibe**.
La **mensola del bagno** è rotta.	Das **Badezimmerregal** ist kaputt.
La porta è **graffiata**.	Die Tür ist **zerkratzt**.
Mancano **gli asciugamani**.	**Die Handtücher** fehlen.

Vocabolario (Vokabeln)

Italienisch	Deutsch
check out	auschecken
il controllo	die Kontrolle
la riconsegna delle chiavi	die Rückgabe des Schlüssels
la restituzione della caparra	die Rückgabe der Kaution
la ricevuta di pagamento	der Zahlungsbeleg
la fattura	die Rechnung

Imperfetto (Präteritum)

Der *Imperfetto* wird verwendet, um **wiederkehrende Handlungen in der Vergangenheit** und **Orte und Menschen in der Vergangenheit** zu beschreiben.

Wiederkehrende Handlung in der Vergangenheit	
Da piccolo mio padre **andava** a scuola e, quando **tornava**, **faceva** i compiti. Poi **si incontrava** con gli amici e **stavano** insieme tutto il giorno.	**Als Kind ging** mein Vater zur Schule und als er nach Hause **kam**, **machte** er Hausaufgaben. Dann **traf** er sich mit Freunden und sie **blieben** den ganzen Tag zusammen.

Beschreibung von Orten oder Personen	
Davanti a me c'erano **due ragazze che parlavano** tra loro. Una **aveva** una bellissima gonna a fiori, l'altra **portava** dei jeans. **Erano** sedute su una panchina e **sorridevano** ***mentre*** **parlavano**.	Vor mir waren **zwei junge Frauen, die miteinander sprachen**. Eine **hatte** einen wunderschönen geblümten Rock an, die andere **trug** Jeans. Sie **saßen** auf einer Bank und **lächelten** während sie **sich unterhielten**.

Nota! (Merke!)

In der Vergangenheit wir das Adverb *mentre* (während) immer mit dem Imperfetto genutzt.

Verben mit der Endung *-are* enden auf *-avo*, der Verben mit *-ere* auf *-evo* und der Verben mit *-ire* auf *-ivo*.

-are/-**AVO** giocAVO (giocare)	-ere/**-EVO** chiedEVO (chiedere)	-ire/-**IVO** venIVO (venire)

	-are/-AVO giocare (spielen)	**-ere/-EVO chiedere (fragen)**	**-ire/-IVO venire (kommen)**
io	gioc**avo**	chied**evo**	ven**ivo**
tu	gioc**avi**	chied**evi**	ven**ivi**
lui/lei/Lei	gioc**ava**	chied**eva**	ven**iva**
noi	gioc**avamo**	chied**evamo**	ven**ivamo**
voi	gioc**avate**	chied**evate**	ven**ivate**
loro	gioc**avano**	chid**evano**	ven**ivano**

Essere (sein) und avere (haben)

	essere (sein)	**avere (haben)**
io	ero (war)	avevo (hatte)
tu	eri (warst)	avevi (hattest)
lui/lei/Lei	era (war)	aveva (hatte)
noi	eravamo (waren)	avevamo (hatten)
voi	eravate (wart)	avevate (hattet)
loro	erano (waren)	avevano (hatten)

Einige unregelmäßige Verben:

bere (trinken)	**dire (sagen)**	**fare (machen)**	**tradurre (übersetzen)**
bev**evo**	dic**evo**	fac**evo**	tradu**uc**evo
bev**evi**	dic**evi**	fac**evi**	traducevi
bev**eva**	dic**eva**	fac**eva**	traduceva
beve**vamo**	dice**vamo**	face**vamo**	traducevamo
beve**vate**	dice**vate**	face**vate**	traducevate
beve**vano**	dice**vano**	face**vano**	traducevano

Wie *tradurre*:

- produrre(herstellen, produzieren)
- condurre (führen)

Attività | Übungen

1. Coniuga il verbo all'imperfetto. | Konjugiere das Verb im Imperfetto.

a. Mia madre mi racconta sempre che, quando da piccola (andare) ______________ a scuola, non (esserci) ______________ nemmeno le calcolatrici e i bambini (dovere) ______________ imparare le tabelline.
b. Ieri mentre Mark (viaggiare)______________ in treno, (ascoltare) ______________ la sua musica preferita.
c. Perché non (voi-essere) ______________ al bar ieri sera? – Non (sentirsi) ______________ bene e (essere) ______________ stanchi.
d. Ti ricordi quanto (noi-divertirsi) ______________ quando (andare) ______________ a scuola?
e. Quella ragazza ci (sembrare) ______________ molto pensierosa; forse (avere)______________ delle preoccupazioni o forse (essere) ______________ solo molto stanca.

2. Prima e adesso. Attenzione al verbo e al soggetto! | Vorher und jetzt. Achte auf das Verb und auf das Subjekt!

a. Prima (fare) ______________ molta ginnastica; ora non fanno niente.
b. Prima (abitare) ______________ con i nostri genitori; adesso abitiamo da soli.
c. Una volta (esserci) ______________ la macchina da scrivere; oggi c'è il computer.
d. Tanti anni fa le famiglie (avere) ______________ solo una macchina, oggi ne hanno più di una.
e. Prima Louis (bere) ______________ molto vino; adesso non ne beve più.

20 A casa | Zu Hause

Pia e Leo sono ormai a casa, a Francoforte. Sabato sera **hanno incontrato** gli amici in un bar. ***Mentre bevevano*** una birra, **hanno raccontato** tutto della loro vacanza. Gli amici ***erano*** entusiasti dei loro racconti e **hanno deciso** di andare anche loro in Italia.

Pia und Leo sind mittlerweile wieder zu Hause in Frankfurt. Am Samstagabend **haben** sie Freunde in einer Bar **getroffen**. **Während sie** ein Bier **tranken**, **erzählten sie** alles über ihren Urlaub. Die Freunde **waren** begeistert von ihren Geschichten und **haben beschlossen,** auch nach Italien zu fahren.

Pia: Non **abbiamo dormito** molto però. ***Ogni giorno ci alzavamo*** molto presto per andare da qualche parte. ***Volevamo*** vedere molte cose. Solo **una volta siamo rimasti** in casa perché ***eravamo*** molto stanchi.

Wir haben aber nicht viel **geschlafen**, jeden Tag **standen wir** sehr früh **auf**, um irgendwohin zu gehen**. Wir wollten** viel sehen. Nur einmal **sind wir** zu Hause **geblieben**, weil **wir** sehr müde **waren**.

Leo: Sì, dopo la visita a Palazzo Pitti. ***Eravamo stanchissimi*** e **abbiamo chiamato** un taxi. Ti ricordi, tu ***avevi*** quella vescica al piede e **siamo andati** in farmacia. Il giorno dopo ***non avevamo voglia*** di uscire e camminare, così **abbiamo cucinato** e **siamo rimasti**

Ja, nach dem Besuch im Palazzo Pitti. **Wir waren sehr müde** und haben uns ein Taxi gerufen. Erinnerst du dich, du **hattest** die Blase am Fuß und **wir sind** in die Apotheke **gegangen**. Am nächsten Tag **hatten wir keine Lust,** auszu-

	tranquillamente all'appartamento.	gehen und zu laufen, also **haben wir gekocht** und **sind** gemütlich im Appartment **geblieben**.
Pia:	Sì, poi ***volevamo*** vedere un film, ma non ***avevamo*** la password così tu **hai telefonato** all'amministratore. Ma, tranne quel giorno, **siamo sempre usciti** e **abbiamo sempre visto moltissimo**.	Ja, dann **wollten wir** einen Film sehen, aber wir **hatten** kein WLAN-Passwort, also **hast du** den Verwalter **angerufen**. Aber bis auf diesen Tag **sind wir immer ausgegangen** und **haben stets viel gesehen**.
Leo:	Sì, grazie anche ai nostri amici che ci **hanno portati** in tanti posti. Ti ricordi quando **siamo andati** in montagna? Come ***si chiamava*** il posto **dove siamo stati**?	Ja, dank unserer Freunde, die uns an so viele Orte **gebracht haben**. Erinnerst du dich, als wir in die Berge **gefahren sind**? Wie **hieß** der Ort, an dem **wir waren**?
Pia:	Val di Luce, dove ***c'era*** quel lago… il Lago Nero, mi sembra…	Val di Luce, wo der See **war**… der Lago Nero, glaube ich.
Leo:	Esatto, il Lago Nero… io **ho visto** anche una marmotta…	Richtig, der Lago Nero… **Ich habe** sogar ein Murmeltier **gesehen**.
Pia.:	Ma quanto ***eravamo*** stanchi dopo quella lunga camminata… meno male che in albergo ***c'era*** anche una spa e il giorno dopo **ci siamo riposati**.	Aber wie müde wir nach dem langen Spaziergang **waren**. Zum Glück gab es auch einen Spa-Bereich im Hotel und am Tag danach **haben wir uns erholt.**
Leo:	Beh, ragazzi… se volete, possiamo consigliarvi l'alloggio in	Nun, Leute… wenn ihr wollt, können wir euch die Unterkunft empfehlen, in der **wir**

	cui **siamo stati**. ***Era*** pulitissimo e l'amministratore **è stato** molto gentile. **Ci ha dato** sempre buoni consigli.	**waren**. Es **war** dort sehr sauber und der Verwalter **war** sehr nett (**ist sehr nett gewesen**). **Er hat uns** immer gute Ratschläge **gegeben**.
Pia:	Adesso però le vacanze **sono finite** e lunedì ricominciamo a lavorare. Peccato!	Aber jetzt **ist** der Urlaub **vorbei** und am Montag fangen wir wieder an, zu arbeiten. Schade.

Vero o falso? (Richtig oder falsch?)

- Pia e Leo erano entusiasti.
- Un giorno erano molto stanchi.
- Con gli amici hanno viaggiato molto
- Il lago era vicino a Firenze.
- Nell'albergo c'era una spa.

Falso, vero, vero, falso, vero

Passato prossimo (PP) e Imperfetto (I)
(Passato prossimo und Imperfetto)

PP	Ieri **sono andata** in pizzeria e **ho mangiato** una pizza.	Gestern **bin ich** in die Pizzeria **gegangen** und **habe** Pizza **gegessen.**
I	La pizza **era** buonissima.	Die Pizza **war** sehr lecker.
PP	In pizzeria **ho visto** Andrea	In der Pizzeria **habe ich** Andrea **gesehen**.
I	**Parlava con una bella ragazza**. Anche loro **mangiavano** la pizza e **bevevano** una birra.	**Er sprach mit einer schönen Frau.** Auch sie **aßen** Pizza und **tranken** Bier.
PP	L'**ho salutato** e, quando **ho finito** di mangiare, **ho pagato** e **sono uscita**.	**Ich habe** ihn **gegrüßt** und, als **ich fertig** gegessen **hatte**, **habe ich bezahlt** und **bin gegegangen.**
I+PP	<u>**Mentre**</u> **tornavo** a casa, **ho incontrato** un amico.	**Während** ich nach Hause **ging** (auf dem Heimweg), **habe ich** einen Freund **getroffen**.
PP+I	**Sono arrivata** a casa e, <u>**mentre**</u> **guardavo** un film, **mi sono addormentata** sul divano.	**Ich bin** nach **Hause gekommen** und, **während** ich einen Film **schaute**, bin ich auf dem Sofa **eingeschlafen**.

Nota! (Merke!)

- Mit dem Passato Prossimo werden **Handlungen beschrieben, ohne weitere Informationen** zu geben. Die Frage "**Was ist passiert?**" wird beantwortet.
- Mit dem Imperfetto werden den Handlungen **Informationen hinzugefügt**. Die **Erzählung wird vervollständigt**. Folgende Fragen werden beantwortet: **Wie war die Situation?** Wie waren die **Begleitumstände?** Ein wichtiges Signalwort ist ***mentre*** (während).

Attività | Übungen

1. Passato Prossimo o imperfetto? | Passato Prossimo oder Imperfetto?

a. Ieri (io-arrivare) ________________ a casa e mentre (cucinare) ________________ (bruciarsi) ________________ una mano.
b. (tu-vedere) ________________ Lucia? Prima (lei-essere) ________________ grassoccia, ora (perdere) ________________ molto peso.
c. Ieri loro (andare) ________________ al museo. (vedere) ________________ molti bei quadri.

2. Rispondi. Beantworte die Frage.

a. Cosa hai mangiato? ________________ una pizza.
b. Ti è piaciuta? Sì, ________________ molto.
c. Hai visto qualcuno? Sì in pizzeria ________________ i miei amici.
d. Bevevano qualcosa? Sì, Luca ________________ una birra, gli altri ________________ vino bianco.
e. A casa hai guardato la televisione? Sì, ________________ un film ma (addormentarsi) ________________.

Soluzioni | Lösungen

01. Pia e Leo si presentano

1. a. A Francoforte; b. parla già l'italiano; c. non ha fratelli; d. studiano in corsi diversi; e. è italiano; f. ventotto; g. in banca; h. tanti amici; i. In giugno; j. A Firenze.
2. a. ti chiami; b. ho; c. tempo; d. vado; e. sono; f. piace.

02. In partenza per Firenze

1. a. decidono, comprano; b. parte, penso; c. guardano, mette; d. cerchi, trovo; e. vedete, abitiamo.
2.

parlo	parli	parla	**parla**	parla	**parliamo**	parlate	**parlano**
prendo	prendi	**prende**	prende	**prende**	prendiamo	**prendete**	**prendono**
sento	**senti**	**sente**	sente	**sente**	sentiamo	**sentite**	sentono
gioco	giochi	gioca	**gioca**	gioca	**giochiamo**	giocate	**giocano**
litigo	**litighi**	litiga	litiga	**litiga**	litighiamo	litigate	litigano
vedo	vedi	**vede**	**vede**	vede	**vediamo**	**vedete**	vedono
arrivo	arrivi	**arriva**	arriva	**arriva**	**arriviamo**	arrivate	arrivano
parto	parti	parte	**parte**	parte	partiamo	**partite**	partono
prego	**preghi**	**prega**	prega	prega	preghiamo	pregate	**pregano**
decido	decidi	decide	**decide**	decide	decidiamo	**decidete**	decidono
pago	paghi	**paga**	paga	paga	**paghiamo**	pagate	pagano
cerco	**cerchi**	cerca	cerca	**cerca**	cerchiamo	cercate	**cercano**

3. a. dieci e quarantacinque; b. dodici e quindici; c. una e cinquantotto; d. ventitré e tentuno, e. diciassete e ventotto.

   dieci, dodici, quattordici, sedici, diciannove, ventuno, ventotto, trentatré, sessanta, settantotto, centootto, centosettantasette, cinquecentoventotto, millesettecentotrenta, cinquemilaottocento.

03. Il treno è in ritardo

1. a. è, sono; b. sei, sono; c. siamo, siamo; d. è, sono; e.siete, siete.
2. c'è, è, c'è, ci sono; c'è, ci sono, è, è, ci sono, sono, è.
3. a. hanno, ha; b. avete, abbiamo; c. hai, ho; d. hanno, ho; e. hai, abbiamo.

04. L'alloggio a Firenze

1. a. esce; b. vengono; c. va; d. fate; e. andiamo; f. sapete; g. viene; h. dà; i. stanno; j. vanno.
2. W., F.; F.; W.; W.
3. a. vanno; b. andiamo, vieni; c. vengo, vado; d. vanno; e. vieni.

05. In gelateria

1. le stagioni, il giornale, le matite, gli animali, le figlie, il libro, la lezione, la porta, l'agenda, il mese, gli ospedali, lo studente, le mogli.
2. a. la, un, una; b. la, un'; c. un, il; d. un, una; e. la; gli.

06. Al ristorante

1. a. Domani rimango a casa perché non devo lavorare; b. Quando dite al direttore che volete un aumento?; c. Finisco di mangiare e poi pulisco il tavolo; d. Tu condisci l'insalata con l'olio e l'aceto e poi la porti in tavola; e. Loro salgono per le scale perché hanno paura dell'ascensore.
2. a. spedisco; b. capiscono; c. preferisce; d. condisco; e. restituiscono; f. obbediscono; g. finisco; h. distribuisce; i. pulisci; j. proibiscono.
3. a. può, deve; b. volete, dovete; c. possono, deve; d. possiamo, dovete; e. vuoi, posso.

07. Vetrine e moda

1. 1G; 2H; 3E; 4B; 5F; 6C; 7A; 8D
2. a. dove; b. chi; c. dove; d. perché; e. quando; f. quale; g. quanto; h. come; i. perché; j. quali

08. Il mercato a Pistoia

1. **Quest**-: quest'oggetto, questi amici, questi zaini, questo bicchiere, questo jogurt, questi studenti, queste studentesse, questo fiore, questo cucchiaio, questa bottiglia, questo professore, questo maglione, questi occhiali, quest'acqua, questi grattacieli.
   Quell-: quell'oggetto, quegli amici, quegli zaini, quel bicchiere, quello jogurt, quegli studenti, quelle studentesse, quel fiore, quel cucchiaio, quella bottiglia, quel professore, quel maglione, quegli occhiali, quell'acqua, quei grattacieli.

2. a. bel, begli; b. bel, begli; c. bella, bel, d. bei; begli; e. bei, bei.

09. Con gli amici

1. sono, abitano, si alza, lavora, si sveglia, vanno, frequentano, si fa, si mette, si asciuga, si veste, scappa, è, hanno, è, sono, si preparano, chiede, ti senti, risponde, so, sono, superiamo, si abbracciano, vanno, si incontrano.
2. a. si chiamano; b. alza; c. incontro; d. ci alziamo; e. chiamo; f.si fa; g.si sente; h. vi incontrate; i. si vedono; j. mi metto.

10. A Pisa

1. **a.** del, di; **b.** a agli; **c.** da, dalla: **d.** nel, in.
2. **a.** di, a; **b.** all', di; **c.** in, in; **d.** di, in; **e.** di, in; **f.** nel, di; **g.** al; al; **h.** di, al.
3. **a.** qui, lì; **b.** là; **c.** qua; **d.** laggiù, lì. **e.** Lì

11. In autostrada verso Firenze

1. **a.** con gli, con; **b.** sugli, su; **c.** per, per la; **d.** tra, tra gli.
2. **a.** a, di; **b.** al, sul; **c.** per, in; **d.** di, tra; **e.** da, dal

12. In giro per Firenze

1. a. La casa B è meno alta della casa A.; b. Nella bottiglia bianca c'è più acqua che nella bottiglia verde. c. Il libro di storia è più spesso del libro di geografia. d. Francoforte è meno estesa di Berlino. e. Nella scatola A ci sono tanti cioccolatini quanti nella scatola B.
2. a. **Filippo è il più basso.** Carlo è meno alto di Paolo. Carlo è più alto di Filippo. b. **Nella scatola C ci sono tante caramelle quante nella B.** Nella scatola A ci sono più caramelle che nella B. Nella scatola B ci sono meno caramelle che nella A. c. **Dresda ha meno abitanti di Berlino e Francoforte.** Francoforte ha più abitanti di Dresda. Dresda

ha meno abitanti di Francoforte. d. **Il mio appartamento è grande come il loro.** Il vostro appartamento è il più grande. Il loro appartamento è grande come il mio. e. **La voce di Rita è la meno bella delle tre.** Rita non canta così bene come Carla/Carla canta meglio di Rita. Luisa non canta così bene come Carla./Carla canta meglio di Luisa.

3. a. Lisa; b. A; c. 20°; d. B; e. Maria.

13. In farmacia

1. Diretto: a. lo; b. la; c. le; d. ci; e. li.
   Indiretto: a. gli; b. le; c. ti; d. gli/...loro; e. vi.
2. **a.** vi; **b.** lei; **c.** lo; **d.** lo; **e.** loro; **f.** Le; **g.** le; **h.** gli; **i.** la; **j.** ti.

14. Cucinare insieme

1. a. spiagge, docce; b. le camicie; c. gli ossi; d. le ciglia; e. le labbra; f. le ossa; g. valigie; h. le orecchie; i. ciliegie; j. grigie.
2. a. solo due; b. 6 cucchiai; c. caldissimo; d. solo calda; e. assolutamente no.

15. La tecnica

1. a. il suo libro; b. vostra sorella; c. la loro zia; d. i nostri cugini; e. mio nipote; f. i tuoi fratelli; g. la loro nipote; h. le sue zie; i. i loro generi; j. vostra nonna.
2. a. Sua; b. i vostri; c. il nostro; d. il tuo; e. i miei; f. il loro; g. il suo; h. le loro; i tua; j. le nostre

16. Cartoline da Firenze

1. a. ne; b. le; c. li; d. ne; e. ne; f. lo; g. la; h. lo; i. la, ne; j. li.
2. **1G.** Quandi incontri i tuoi amici? **Li** vedo domani.; **2H.** Compri tu le mele? Sì, quante **ne** prendo?; **3E.** Bella Firenze! Eh sì, **ci** vado spesso! **4B.** Sai riparare il mio computer? **Ci** provo, ma non so se **ci** riesco. **5A.** L'insegnante ci ha dato tanti esercizi. Se vuoi imparare **ne** devi fare molti. **6C.** Quando vai dai tuoi genitori? **Ci** vado la prossima settimana. **7I.** Come sono queste fragole? Buone! **Ne** assaggi una. **8D.** Ma quanti bicchieri di vino hai bevuto? **Ne** ho bevuto solo uno, **lo** giuro! **9J.** Oggi incontro Giulia e Fabrizio... **Li** saluti da parte mia? **10F.** Dov'è la bottiglia? Ecco**la** qui!

17. In mezzo alla natura

1. a. è andato; b. hai mangiato; c. sono venute; d. sono caduti; e. avete letto; f. ho incontrato; g. è tornata; h. Sei rimasto/a; i. siamo partiti/e; j. hanno capito.
2. 1G-D-C; 2F; 3E; 4G-D; 5A; 6B; 7C

18. Souvenir

1.

andrei	andresti	**andrebbe**	andremm o	andreste	**adreb-bero**
farei	**faresti**	farebbe	**faremmo**	fareste	farebbero
dovrei	dovresti	dovrebbe	dov-remmo	**dovreste**	dovreb-bero
sarei	saresti	**sarebbe**	**saremmo**	sareste	sarebbero
avrei	avresti	avrebbe	avremmo	avreste	**avrebbero**
vorrei	**vorresti**	vorrebbe	vorremmo	**vorreste**	vorreb-bero
potrei	potresti	**potrebbe**	**potremm o**	potreste	potreb-bero
rimarrei	**rimarresti**	rimarr-ebbe	rimar-remmo	**rimar-reste**	rimarreb-bero
verrei	verresti	verrebbe	**verrem-mo**	**verreste**	verreb-bero

2. a. potrebbe; b. lavorerei; c. rimarreste; d. aiuterei; e. vorremmo; f. dovrebbe; g. accenderemmo; h. ti sposteresti; i. verremmo; j. avresti

19. Ciao Italia

1. a. andava, c'erano, dovevano b. viaggiava, ascoltava; c. eravate, ci sentivamo, eravamo; d. ci divertivamo, andavamo; e. sembrava, aveva, era.
2. a. facevano; b. abitavamo; c. c'era; d. avevano; e. beveva.

20. A casa

1. a. sono arrivato/a, cucinavo, mi sono bruciato/a; b. hai visto, era, ha perso; c. sono andati/e, hanno visto.
2. a. ho mangiato; b. mi è piaciuta; c. ho visto; d. beveva, bevevano; e. ho guardato, mi sono addormentato/a.

Zeitfracht Medien GmbH
Ferdinand-Jühlke-Straße 7
99095 Erfurt, Deutschland
produktsicherheit@kolibri360.de